NA DUN

纳顿

马光星 著

U0783362

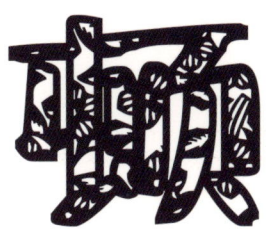

青海人民出版社

图书在版编目（CIP）数据

纳顿 / 马光星著 . –– 西宁 : 青海人民出版社，
2019.1（2021.11 重印）
ISBN 978-7-225-05747-7

Ⅰ . ①纳… Ⅱ . ①马… Ⅲ . ①土族—民族节日—介绍
—中国 Ⅳ . ① K892.1

中国版本图书馆 CIP 数据核字 (2019) 第 017104 号

纳顿

马光星　著

出 版 人	樊原成	
出版发行	青海人民出版社有限责任公司	
	西宁市五四西路 71 号　邮政编码：810023　电话：（0971）6143426（总编室）	
发行热线	（0971）6143516 / 6137730	
网　　址	http://www.qhrmcbs.com	
印　　刷	陕西龙山海天艺术印务有限公司	
经　　销	新华书店	
开　　本	890 mm × 1240 mm　1/32	
印　　张	5	
字　　数	70 千	
版　　次	2019 年 12 月第 1 版　2021 年 11 月第 2 次印刷	
书　　号	ISBN 978-7-225-05747-7	
定　　价	32.00 元	

目 录

· 引 子 ·

如果您有幸到黄河上游旅行

您将无法摆脱纳顿的诱惑

农历七月，地处黄河岸边的三川土族村民迎来了丰年，也迎来了民族的狂欢节——纳顿。

如果您有幸到黄河上游旅行，您将无法摆脱纳顿的诱惑。只要是在纳顿举行的季节，只要您来到三川，便会看到举行纳顿的村庄飘扬的彩旗，如织的人流，民间祭神的古老仪式；会听到震响的锣鼓，"大好"的欢呼声；会目睹会手舞表演的狂热浪漫，傩戏演出的幽默风趣，领略到黄河上游人神狂欢的特有景观……

纳顿是土族的传统节日。在土语中，纳顿含有娱乐、玩耍的意思。有人认为，"纳顿"这一称谓，不论从词义还是从发音上，与蒙古族的"那达慕"相似。你也许知道，名称上的这种相似性，是因为土族语言属于阿尔泰语系蒙古语族。尽管"纳顿"以农耕文化为主要背景，蒙古族的"那达慕"在草原上举行，但两个民族节日大体相似的称谓，以及这种称谓所蕴含的欢庆和娱乐之意，不能不说是民族之间语言、习俗方面的某些内在联系了。

从农历七月十二日起，纳顿便从庄稼成熟最早的下川开始，一个自然村以一天为会期，一村接一村，一天又一天，渐次向中川和上川转移，前后历时两个多月，遍布八个乡镇的上百个自然村，最后以朱家纳顿结尾。正是由于纳顿节场面宏大，热烈隆重，各村依次举行的会期很长，被称为世界上最长的狂欢节。

会手舞跳起来了！村民们敲着锣，跳着舞，鸣放着鞭炮，用神轿将二郎神和地方神从村庙里请到了会场。

你瞧，老人们跳起会手舞，挥舞扇子，舒缓优美，手脚轻巧，起落自然；锣鼓手们头戴红缨帽，腰系彩带，扎起绑腿，个个显得潇洒英武，精神抖擞。

会手舞结束后，接着表演的傩戏有《庄稼其》《三将》《五将》《杀虎将》，等等，不一而足。这些戴着面具表演的傩戏，有的原始古朴，有的诙谐幽默，有的威武雄壮，彰显着我国西北地区少数民族民间傩文化特有的风趣和特质。

举办纳顿的村庄，家家户户都聚满了客人，主人家里炸好油饼，酿好酩馏酒，备好美味佳肴，手捧美酒唱起"道拉"（敬酒曲），洪亮的歌声飞出院落，在村头上空久久回荡。第二天，另一个村子里敲响的锣鼓声，又在召唤着你，让你奔向另一个村庄的纳顿会场，沉醉在酩馏酒的醇香里。

第一章

· 三川胜景 ·

进入夏季，从山上望去

一马平川的三川，被林荫覆盖

万顷田畴，吐芳泛翠

繁花绿树，春光生辉

纳顿是民和三川土族特有的传统节日，而互助、大通等地的土族

并无类似的节庆习俗。这是为什么呢？不少人都有类似的疑问，但又

找不出确切的答案。看来，这的确是个令人思索又待于破解的命题。

任何的秘密，总有揭开的时候；探秘的兴趣中，总是充满了诱惑。

让我们还是先走进三川，一一考究体味吧！

官亭远眺（20世纪30年代）　庄学本摄

　　土族作为人口较少民族，分别居住在青海省互助土族自治县、大通回族土族自治县、民和回族土族自治县及黄南藏族自治州的同仁县。甘肃省的天祝、卓尼等地也分布有少量的土族。民和的土族主要居住在地处三川的官亭镇和中川乡，邻近的甘沟乡、前河乡等地也有部分土族居住。据2011年国家统计，青海各地的土族总人口有30余万。其中，民和三川土族近5万人。

　　也许您不曾留意三川这一地名的由来，与这里特有的自然地理条件有关。三川，三面环山，南面临水，因其境内有三块人为划分的平川而得名。

　　也许你还觉得三川的地形三面环山，南临黄河，似乎是个封闭已久、鲜为人知的小地方。然而，你要是探寻一番三川的沧桑变化，环顾一下三川土族与周边汉族、藏族、回族的和睦关系，必将对纳顿的历史背景和文化渊源有一个全新的认识。

三川的东面与甘肃省永靖县毗邻，南面与甘肃省积石山保安族东乡族撒拉族自治县隔河相望，西面与我省循化撒拉族自治县和化隆回族自治县接壤。三川离东部永靖县的旅游胜地炳灵寺约20公里，与西部国家级自然保护区"孟达天池"仅有6公里，距循化撒拉族自治县县城37公里，距积石山县大河家镇仅一河之隔，距临夏自治州97公里。

从民和县城出发，驾车上高速公路往南行驶50分钟，便能到达这块平坦的盆地。方圆20多公里的三川地势西北高，东南低，海拔在1500～1800米之间，是青海省海拔最低的地方。

梨花

正是这片温暖湿润的风水宝地，造就了美不胜收的系列景观：落红如雨、随风翻卷的三川杏雨；烟云笼罩、美景如画的峡口桃云；美田连片、锦绣如织的井田翠绿；峡谷突兀、远眺斜阳的禹王夕照；峭壁凌空、苍松挺拔、飞雪翻卷的崖寺奇观。

阳春三月，三川大地桃花、梨花竞相绽放。每当这时，那红色、白色、粉红色的一朵朵、一簇簇小花，伴随蜜蜂"嗡嗡"的采蜜声竞相绽放：层层叠叠、鲜艳多彩，随清风飘然而来的浓郁花香，沁人心脾。进入夏季，从山上望去，一马平川的三川，被林荫覆盖，庄廊、商铺、楼房等建筑物掩映在林园果树之中。万顷田畴，吐芳泛翠，繁花绿树，春光生辉。三川被誉为"金田""美田""金三川"，名不虚传。走进三川，你会领略到这里气候的温润清爽，环境的舒适宜人，你会有度假休闲般的心旷神怡。

一到隆冬季节，游客们喜欢到崖儿寺观赏雪景。离官亭镇先锋沟

朝霞中的三川

不远的一处陡峭高耸的悬崖之间，便能目睹这座神秘的古刹。下雪之时，雪片从崖儿寺谷高空落下，快到谷底时，突然翻卷搅和着向上飞腾，正好与飘落向下的雪花形成上下对流、往复不断的雪中奇特景象，恍若天地隐藏，日月无光，令人眼花缭乱，东西莫辨。

沿着从中川通往峡口的公路向东走，穿过稠密的土族村庄，行至禹王峡便能见到坐落在半山腰的华尖寺。

华尖寺，亦称"花间寺""花亭寺"，《安多政教史》称作"森格静房"。相传建于清代，光绪二十一年（1895）毁于兵燹，20世纪30年代重建。虽然只有殿堂5间，僧舍5院，规模不大，但幽静典雅。北靠山林，南衔河水，水若明镜，倒映寺影。炳灵水库，像一块巨大的蓝宝石，镶嵌在三川盆地的最东端，水库的东、西、北面村落密布，田陌纵横，是三川有名的瓜果之乡，也是著名的旅游景点。

登高远眺，黄河从循化撒拉族自治县境内的积石峡奔泻而来，经

崖儿寺

过三川这片平坦的河床时，水势变得平静而缓慢，像一条飘落在山脚下的哈达，泛着洁白的光亮，静静地流淌着，进入三川下游的禹王峡后，拐个弯一头扎进甘肃省境内的永靖县。如同当地人们常说的那样，我们是枕着黄河母亲的臂弯睡觉，在黄河的涛声中入眠。

如今，现代化的生活时尚早已融入三川，使这里的人们在衣饰穿

着、生活消费等方面与城里人相差无几。而远离都市的三川乡村，不存在现代工业的污染，也听不见各种机器发出的噪音。在静谧清新的空气中，散发着绿色植物吐出的鲜嫩气味，偶尔传来的犬吠声，还有从田间地头不时传来的"花儿"声，传达出田园风光特有的生活气息。

现代化的物质消费和生活方式，像一把神奇的魔力棒，不断刷新着三川土族人的居住环境、衣食住行、思想观念。然而，民族的优良传统和精神血脉，依然主导着他们的物质和精神生活，民族的传统习俗并未从他们的生活中完全消失，土族族群之间对话交流仍使用本民族的语言。婚丧嫁娶、喜庆节日期间的民族风味依然浓厚，诚朴实在依然是土族人的生活本色，与人为善依然是土族人的道德风尚。

清亮的黄河

就像来过三川的游客们交口称赞的那样，三川因气候温暖、景色宜人而秀美；因史前人类遗址被发掘、文化积淀丰厚而神奇；因"纳顿"习俗传承、民族风情独特而诱人。

第二章

· 土 族 先 民 ·

土族的『土』是『吐』的转音

吐谷浑即为土族先民

　　史书记载及民俗考察等资料证实，土族的族源最早可以追溯到古鲜卑的一支——吐谷浑。土族的"土"，是"吐"的转音，吐谷浑即为土族先民。吐谷浑亡国后，未被同化的吐谷浑后裔中不断融入其他民族成分，形成了其族群结构的复杂性，也形成了宗教信仰和历史文化的多样性和复杂性。土族是以吐谷浑人为主体，融合其他民族成分形成的一个新的民族共同体。所以说，要了解土族纳顿节，不能不介绍土族与吐谷浑的历史渊源。

　　吐谷浑是中国西北古代民族之一，据史料记载，吐谷浑原是人名，而非族名和国名。他原是居于辽东的鲜卑慕容部首领涉归的小老婆生的大儿子，分有部众1700户。而慕容廆虽比吐谷浑小，但因他是嫡子，涉归将王位传给了他。这就是晋太康四年（283）涉归死后不久的事。在慕容部内部，由于人口和牲畜的发展，争夺牧场的矛盾日益尖锐，吐谷浑与慕容廆二部因马斗发生争执，吐谷浑愤然率部西迁。

　　吐谷浑最早西迁至今内蒙古阴山一带游牧。不久，又向南和向西

扩展，及至东晋建武元年（317）吐谷浑死后，其子吐延继立，开疆拓土，其势力从西北扩展到甘肃南部一带，先后在青海湖附近及其他地区建立都城，东西绵延数千里，面积十分辽阔。吐谷浑与当地的氐羌等部族携手并进，以祖父吐谷浑的名字作为姓氏、族名和国号，立国号为"吐谷浑"。在吐谷浑建立的政权里有很多羌人担任重要职务，实际上是吐谷浑与羌人联合执政。

吐谷浑政权招揽人才，励精图治，政治和经济日益强盛，不仅成了西北地区举足轻重的强国，还与中原大国魏、宋实力相当，呈三足鼎立之势。他们培育出的良种马叫"青海骢"，又叫"龙种"，名扬四海，作为向北魏朝贡的礼品，深受北魏人喜爱。特别

土族大型歌舞诗剧《彩虹部落》中吐谷浑部落西迁场景

是吐谷浑所处的地理位置，正当中西陆路交通的要道，以此吐谷浑就充当了中西交通的向导和中继者，吐谷浑的商业也得以迅速发展。

及至唐朝龙朔三年，西藏高原兴起的吐蕃王朝势力北上，吐蕃攻灭吐谷浑王国。吐谷浑建立王国350年之久，其历史地位，正如中国史学界泰斗范文澜先生在其所著的《中国通史简编》中称述：吐谷浑人"在青海建立吐谷浑国，是社会发展中的一个光辉标志"。

吐谷浑王国灭亡后，一部分融入吐蕃及汉族之中，未被同化的部分吐谷浑人，散居于青海大通、互助、民和三川、黄南同仁及甘肃天祝等地，仍然保留着自己的语言及生活习俗，以"土人"身份出现，一直活跃在中华民族的历史舞台上。

第三章

多重信仰

在土族人看来

信奉的神多多益善

对自身保佑的安全系数就越高

　　纳顿是土族喜庆丰收的节日，同时也带有浓厚的宗教色彩。节日期间举行祭祀仪式，献供酬神，答谢神恩。在有关纳顿节来历的传说故事以及所表演的傩舞中出现的神性形象，分别代表了不同时期的信仰习俗和宗教崇拜。譬如，傩舞《杀虎将》的表演中，杀虎将头戴牛头面具，与虎厮杀，降服猛兽。可见，杀虎将具有动物形象特征，是土族牧业生产时期所崇拜的保护神。而转入农耕为主的生产阶段，他们则信奉土地神。《庄稼其》傩戏表演时，焚化香表，祭奠土地爷。

　　然而，从整体上来说，土族最早崇拜自然，将腾格热（天）视为至高无上的神灵，遇险时呼叫上天祈求保佑，至今还保留着饮酒时用无名指向上天弹酒、以示敬奉的习俗。他们信仰的萨满教也属于原始宗教。萨满教相信万物有灵，崇拜长生天。萨满教在土族地区的传播，经历了一番衍变过程。萨满的代言人是法师。举行道场或者驱邪逐疫的场合，法师虽然是男子，却男扮女装，上身穿绣花夹袄，下身穿裙子，方能进行法事活动。这说明，法师最初的角色，是不折不扣的女性。

可是，从母系氏族社会进入父权制时代，随着男子社会地位的提高，导致信仰角色的转换，男性替代了女性。这一点，在土族仍保留着的萨满遗俗中表现得尤为明显。

大约在公元 5 世纪中叶，土族的先民吐谷浑人开始接受佛教和道教。7 世纪中叶，藏传佛教及苯教在土族地区广为传播，对土族的影响十分明显。

明朝以后，土族几乎全民信奉藏传佛教格鲁派，并延续至今。道教的信仰也一直延续了下来。相对而言，三川土族的宗教信仰比互助、大通等地的土族更为复杂。藏传佛教格鲁派传入土族地区后，成为土族信仰的主要宗教。卡地卡哇寺始建于明永乐年间，从有关历史记载及卡地卡哇寺内珍藏

手持单面鼓的法师

宗喀巴大师的自画像等民间传说来看，至晚也在明永乐年间，藏传佛教已在民和土族中传播开来。此后，佛教在土族中得以广泛传播，延至清代，寺院也逐步增多，现三川共有藏传佛教寺院20余座。

念嘛呢经的土族妇女

有句俗话说："三川喇嘛遍天下。"说明三川土族除了在本地寺院里当僧人外，还舍家远涉，前往甘肃、西藏、内蒙古等地入寺为僧。土族子弟入寺为僧，大多出于对佛教的虔诚信仰，但也有相当一部分出于对生计的考虑。为僧者若能达到较深的佛学造诣，跻身于宗教上层行列，不仅生活富裕，而且还享有较高的社会地位。即使那些虽无高深学问、诵读若干经典者，也能满足群众日常的宗教需求，因而也

卡地卡哇寺

足以保证生活水平较高于一般家庭。但是，大量的男子入寺为僧，脱离社会生产，也阻碍了土族社会经济的发展和人口的自然增长。同时，人死后，请喇嘛念经，向寺院奉献布施，导致土族人愈穷，而僧寺愈富的现象。

行走在三川，你会看到各个土族村庄都有一座规模不大的村庙，里面供奉着各自膜拜的地方神。有的寺庙供一尊神，也有供2~3尊神。九天仙女、黑池龙王、摩羯龙王、四郎爷、索家大帝、黑虎大神、黑马祖师，等等，不一而足。

在举行纳顿节的村子，祭祀的地方神，除了普遍信奉的二郎神，还有各个村子的地方神。这些分别供奉在各个寺庙里的地方福神，属于道教系统。道教在土族地区的传播大约在明代，随着内地汉族移民戍边，其信仰的宗教也随之传入。

三川，处于中原文化与西域文化进行交流的要道，各种文化均于此留有痕迹。中国传统的儒、道等教派也随着中原文化的不断西进，传播到土族地区。土族人也信儒教，崇尚孔子及其学说。道教在三川土族中也比较盛行，其阴阳八卦及五行学说，为土族人所接受，并赋予了新的内容，土族民间神话故事《天地形成》的传说中，即有"东方为木，西方为金，南方为火，北方为水，中央为土"的"五行"观念。

供奉灶神

土族神话史诗《混沌周末歌》的内容，从开天辟地、人类的产生开始，一直唱到儒、道、释三教创立。可见，儒学、佛教和道教传入土族地区的历史，是比较久远的。

三川土族还供奉家神、财神、门神、灶神、天地君亲师、菩萨等，其中家神为一家的保护神，家神主要有祖师爷、白马天将、牛头护法等。民和土族灶神的模式与汉族相同，灶神的牌位上写着"供奉东厨司令灶君娘娘神位"。

祭灶的时间在农历十二月二十三日（或二十四日），仪式由男人主持（家中无男人的，则由女人主持）。给灶神供奉一碗水、一碗草、一碗豆子（灶神坐骑吃的饲料）、一块饼、黄表、香蜡、糖果，等等，还要点灯、磕头；三川土族家里供的财神，用黄表纸写着"供奉金轮福禄寿三大财神之神位"，财神的下面或旁边供着观音菩萨的画像。每逢初一、十五或年节时，都要烧香、点灯、烧黄表纸。过去，他们还有祭拜土地神、山神的习俗。年头节下，春播、秋收之际，祭祀土地神。为求得风调雨顺，阻止山洪、冰雹等自然灾害，在山顶、垭豁等要隘立插排，筑敖包，祭祀山神。

由此可见，三川土族的民间信仰很活跃，以藏传佛教格鲁派为主，形成了多种宗教、教派兼容并存的复杂格局，这不能不说是土族地区宗教信仰的独特现象。他们既有原始崇拜的长生天（腾格热），有萨满教的代言人法师，又流行儒学、佛教和道教，还有地方神、家神，等

神轿

等，不一而足。在土族人看来，信奉的神多多益善，对自身保佑的安全系数就越高。请喇嘛念经，是为了超度亡灵，祈求平安；驱邪禳灾就请道士作法；崇奉儒学，是为了开启民智。之所以形成多种民间信仰，有其多种因素，除了民族宗教信仰的传承，还有不同历史时期各种宗教对土族地区的渗透。

祭拜山神

早年土族民众祭拜土地神

第四章

·宗神二郎·

二郎神通过『法拉』说的每一句话

人们都奉为金科玉律

　　对于神话传说中的二郎神，人们并不陌生。不过，三川各地供奉的二郎神，老百姓不仅对它尊崇有加，还流传着它的不少奇妙故事。二郎的装脏仪式、密藏修炼，也显得极为神秘。

　　二郎神的封号牌位是清源妙道护崇密真君川蜀大地威灵显化天尊。过去，中川朱家村的二郎庙，除了供奉二郎塑像，还在墙壁上绘有它的身像，头戴三扇帽，身穿长袍，腰系玉带，脚穿高腰靴，身边

20世纪30年代的二郎庙

蹲着啸天犬。这种装束，与"喜神"曲中对二郎的颂词基本一致。曲中唱道"二郎爷头戴三扇帽，身穿八卦九条龙，腰系蓝天白玉带，脚穿登云靴"，等等。

但是，如今我们看到的新二郎塑像，是一尊用柏木雕刻后用泥贴塑的木雕泥塑像，高二尺左右，头戴王冠，周身用绸缎裹定。

河州地处甘肃临夏，与地处黄河北岸的三川只隔一条河，相距不远。据说二郎神原先被供在甘肃省积石山县四堡子乡的朱家村。在清朝同治年间河州一带发生动乱，逃难的人们把二郎转移到三川寄存。后来，逃难的人没有回来，二郎也就留在三川了。然而，河州也不是二郎神的最初老家。民间传说，二郎神很灵验，很早以前曾有河州一带

新二郎塑像

的商人到蜀地经商，路遇盗匪。性命攸关之际，商人仰天大呼二郎的尊号求救，忽地刮起一阵大风，遮天蔽日。商人趁机夺路而逃，保住了性命。于是，商人将二郎神从四川请来，建庙宇供奉。因为河州供奉二郎神的庄村也姓朱，他们与三川地区土族朱家素有往来，这恰恰成了二郎神进入土族地区的主要因素。目前，当地人们仍称二郎神为"河州帝帝"，其意为河州的爷爷，这一称呼是对二郎神特有的尊称。

关于二郎神的身份，从他的封号来看，应是李冰父子或赵昱的化身。秦代，在四川地区做官的李冰治水有功，在灌溉方面颇有建树。其次子二郎帮助父亲一同治水，擒孽龙，治水害，父子二人均深受四川灌县百姓的拥护和崇敬。李冰死后，在灌口镇建祠庙供奉。后来，人们把祠庙中的主尊李冰改为二郎。

又据道教传说，隋炀帝时，赵昱在嘉州做官，百姓安居乐业，但有蛟龙作怪，赵昱为解除百姓痛苦，提刀入河与蛟龙搏斗，除了水患。后来他在青城山修行得道，白昼升天。后人在灌口为其建庙供奉，人称灌口二郎。唐玄宗追封他为赤城王，北宋真宗追封他为清源妙道真君。"纳顿"一天唱的"喜神"曲中有这样的词句"七十二变神功""花果山上降猴精"。由此看来，三川土族供奉的这位神祇，又像神话小说中的杨戬二郎。总之，这位二郎是集各种神力和文治武功于一身，根据道教和民间传说重新塑造的尊神。

三川的百姓供奉二郎的另一个意愿则是为了求雨。二郎是水神，三川发生旱灾，就抬着二郎和龙王的神轿举行祈雨活动，据说很灵验，有求必应。

这样一来，三川其他乡民都渴望求得二郎神的护佑，争着给他烧香点灯，但朱家八户不从。到了1938年，土族中的知名人士朱海山喇嘛，根据民众的要求，召集五大堡三川各界人士，修了二郎宗庙，把二郎神移到宗庙里，挂一红漆木牌匾书——二郎福神降临各村庙会轮流牌。从此举行"纳顿"期间，从最早的宋家"纳顿"这一天起，将二郎神请到各个村庄接受民众的膜拜，直到最后举行的朱家"纳顿"一天才被请回宗庙。

二郎神通过"法拉"说的每一句话，人们都奉为金科玉律。二郎神的塑像平时固定在朱家宗庙中，每年有两次出游。外出期间八人抬着二郎神的轿子，每到一个村子，该村人都出来跪接，点香烛，烧钱马，磕头行礼，还要给二郎神供奉馒头和羊、鸡、酒等祭品。

[第五章]

·口传二郎·

在老百姓的心目中，二郎爷的一生，虽然不同寻常却完全是作为土族生活中的传奇人物而出现的

　　二郎神既然成为三川百姓信仰中最为崇敬的地方神，那么有关二郎的各种传说故事、叙事唱本以及颂辞、赞歌等应运而生，也就不足为奇了。当地老人们在讲述有关他的故事时，亲切地尊称他为二郎爷。二郎爷的故事形成系列，从他的出身、结亲、斩妖除魔，一直讲述到他出家修行成仙，既生动曲折，又浪漫风趣。看得出，在老百姓心目中，二郎爷的一生，虽然不同寻常，却完全是作为土族生活中的传奇人物而出现的。

　　说是二郎爷的母亲阿姑琪尔当因相貌丑陋，无人求亲，偶尔吃了几个野果才怀了孕。巴央孔哥哥觉得他的妹妹阿姑琪尔当丢人现眼，于是使手段虐待妹妹，让她一天背三趟柴。阿姑琪尔当忧愁流泪，肚子里的二郎说开话了：“阿娜，阿娜，你别哭，阿舅叫你背几趟，你就背几趟，力量由我出哩。”阿姑琪尔当临产的时候，一连生下十一个孩子，都飞走了。第十二个孩子却是个肉疙瘩，二郎就是从肉疙瘩里面蹦出来的。二郎爷长大后，官宦人家的小姐抛绣球抛到他头上，选中他作为女婿，谁料想，二郎爷外出打仗时，九头妖魔抢走了他的妻子。二郎爷骑上瘸马，带上瘦狗，克服重重困难，终于找到妖魔的洞穴，斩妖除魔，为民除害。

类似故事情节，虽然也见之于其他民族的口头文学创作，但是由于叙述事件和故事情节与土族的历史、生活、信仰、习俗等相融合，听起来既真实又自然。

譬如，二郎爷前来给巴央孔舅舅拜年，舅舅吓得钻进牛皮口袋里，立在门背后。二郎爷看见后说："大年初一把个牛皮口袋立在门后多不吉利呀！"说着，他扛起牛皮袋要往外扔。巴央孔舅舅这才急了，急忙叫喊着让他出来。外甥们把阿舅从口袋里放出来，扶着他上了炕，给阿舅磕头行礼。阿舅红着脸向外甥们一一问候。从此，三川就有了外甥们必须在正月初一给阿舅拜年的习俗。

这样的故事，使二郎爷不再是高高在上、不食人间烟火的天神，而是与黎民百姓血肉相连，患难与共。

在当地百姓看来，二郎爷上天入地，神通广大。于是，土族中流传的有关格萨尔的故事，也被附会到二郎爷的身上，由当地百姓崇奉的这一神灵替代格萨尔的形象。我们知道，《格萨尔王传》是藏族的英雄史诗，由于土族也信仰藏传佛教，并且一些地区的土族与藏族杂居或者毗连，使这些地区的土族受藏族文化的影响，民和三川一带讲述的《二郎爷的故事》《二郎杨戬和阿库》等传说故事，就是这方面的具体例证。但是，土族按照本民族的历史生活、宗教信仰加以改变，使《格萨尔》的故事具有本民族的生活色彩。

《二郎爷的故事》讲述了在卓尼杨家出现了个九头妖魔，吃人掠财，闹得方圆百姓不得安宁。人们向上天祈祷，上帝派遣二郎爷下凡征服妖魔。妖魔试图暗算二郎爷，命令他手下的大将夏加强趁二郎爷睡觉时下手干掉二郎爷。二郎爷早就料到这一手，他变成一个婴儿，待夏加强吞下去后，他就在夏加强肚子里倒腾一番，弄死了仇敌。九头妖魔抢夺美女，二郎爷将自己的两个妃子派去侍候妖魔。二郎爷前去降伏妖魔，把守第一道关口的是他的第一个妻子。可是彼此分别时间一长，认不出来，二郎爷与她交锋，将她摔倒后，她才认输，也认出了自己的丈夫。后面的几道关口，也是在她的帮助下，二郎爷才得以顺利通过。二郎爷摸到妖魔的住处，杀死了能掐会算的巫婆，他的另一位妃子把他藏匿在一口大锅下，待妖魔睡熟之际，二郎爷连射三箭，射灭了妖魔胸前发光的火球。妖魔被惊醒后，与二郎爷摔跤，妻子在妖魔脚下撒下豆子，在二郎爷脚下撒下麸子，妖魔摔倒就擒。

《二郎杨戬与阿库》的故事中有个残暴的国王叫阿库，二郎是阿库姐姐的孩子。阿库的姐夫是一位武艺高强、深得民心的大将，阿库生怕他起兵造反，就革了他的官职，贬他到深山老林里去放牛羊，做苦工。二郎杨戬一诞生，阿库担心将来有一天二郎杨戬推翻他的宝座，便丧心病狂地要置二郎杨戬于死地。可是，二郎杨戬处处识破阿库的诡计，逢凶化吉，最终惩罚了他的宿敌阿库。

"阿库"一词，在藏语中指叔叔，土族借用这一名词，但不取原意，而成了国王的名字。二郎和阿库的关系是甥舅关系，可是，他俩的矛盾冲突超出了亲族内部的争权夺利和彼此仇杀，他们分别代表着不同阶级的利益。尽管土族的格萨尔故事中不时地出现与藏族史诗相似的情节和内容，可是整个作品的构思，总显得与土族人民的社会制度、环境条件、生活习俗等相符，使人觉得这些故事就发生在土族地区，并且二郎就是他们的救星。土族的格萨尔故事中人物形象的对调，是他们以对二郎神的崇拜之情，照本民族的愿望和理想构造历史和生活的需要，对藏族的文化加以吸收和重组的结果。

《二郎神传》是演绎二郎身世的又一版本。在三川土族中流行的这部叙事长诗，如今会演唱的只有个别年迈的法师。长诗讲述道：

> 二郎爷爷本姓杨，
>
> 说起出身根由深，
>
> 一时三刻天门开，
>
> 三只花鸽子飞下来……

长诗接着讲述三只花鸽子从天庭落下来后变成了三位仙女，来到龙泉洗浴，一个樵夫将三姐的衣衫埋于太湖下面，三姐上不了天庭，只好做了樵夫的妻子。在她生下二郎的百日后，猛然想起她娘曾教给她的一句口诀，身子飘然而上，抛下亲生儿回到了天庭。她留下来的这个孤儿被两只狼喂养长大，故取名为二郎（即狼的谐音）。正如诗中所述的那样："公狼抬食母狼喂，母狼收养（者）长成人。为什么叫了二郎神？遇狼（者）取了二郎名。"这样的叙述，虽然有点儿附会，但是离奇的故事情节显得有趣。仙女作为二郎的生母、二郎吃狼奶长大，等等，使二郎充满了传奇色彩，同时使他的生活也具有了世俗化的一面。尤其二郎在太白金星的指点下，找到了下凡洗澡的亲娘，母子相认的情节更加感人：

三姐洗罢上了岸，

二郎急忙扑上前，

抓住衣袖不放松，

口口声声叫娘亲……

但是，一时三刻天门即将关闭，三姐左右为难之际，二郎哭着请求道：

叫一声仙姑我娘亲，

叫我放手并不难，

除非你带我上天庭；

仙姑一听动了心，

袍袖里带上小二郎，

腾云驾雾上了南天门……

母亲把二郎带到天庭，玉帝认了他这个外甥，还封他神号，命他修行出道。二郎在金光洞修行十二年，八九神功修在身。玉帝赐他三山帽、黄金锁子甲等，命他降妖伏魔，济救万民。

长诗结尾的这些叙述，虽然渗透着道教思想，有对二郎加以美化，使他列入道教仙班的一面，但是，诗中提到的"手拿金弓银弹子，梧桐树上打凤凰""担山赶日保太平"等描述，又利用了神话传说的内容。

从这部叙事诗的基本情节可以窥见，《二郎神传》既不同于我国南方一带盛传的李冰父子化牛斩蛟的传奇故事，又区别于土族民间故事对二郎形象有血有肉的塑造，叙事诗中对二郎身世有神有色的描述，可以说是民间对二郎神性形象重新演绎的又一版本。

第六章

· "装脏" 仪式 ·

据说只有在秘密状态下装脏

方能留住神的灵气

为了保持二郎神和众庙神的神性与灵气,三川地区的土族村庄按照各自的年限旧例为本村的庙神定期举行"装脏"仪式。举行"装脏"仪式时颇为神秘,严禁外人偷窥,更不许拍照摄影。据说只有在秘密状态下装脏,方能留住神的灵气。

装脏就是把神像原来所装的旧脏腑取出,换上新的。各个村庙为庙神举行装脏的时间都不一样,官亭四郎庙的四郎爷每五年装脏一次,鄂家村的庙神摩劫龙王每十二年装脏一次,桑布拉的庙神九天玄女娘娘每三年装脏一次,草滩祁家的锁劫龙王每十三年装脏一次,朱家村二郎神坐像每五年装脏一次。

各个庙神装脏用的物品并不一致,主要分"臭脏"和"香脏"两种。臭脏指用动物装脏,主要用马蜂、喜鹊、蛇、麻雀等动物。香脏指素脏,主要用佛经、香油、五谷等物品。在地方神装脏中,二郎神、四郎爷、摩劫龙王等是臭脏,黑池龙王、娘娘爷则是香脏。

赵木川郭家庙是二郎神的宗庙。按照传统习俗,每年农历五月

蒸饼

十一日至十三日，赵木川郭家村的村民们要给二郎神举行一次隆重的
装脏活动。装脏活动由法师主持，包括装脏、开光、坐洞等仪式。举
行装脏仪式前，村民们在大小牌头的指挥下，在庙外的广场上提前扎
起一座坐南朝北、能容纳百人左右的白布帐房，帐房四角绣有云水图案，
中间镶嵌蝙蝠、鹿等动物纹饰。帐房扎好后，村民们恭恭敬敬地将观

音菩萨、二郎神、四郎神等诸位神祇的塑像迎请到帐房内，供在香案上，并在神案前献上蒸饼、时新的花卉、精美的荷包等各类供品。

二郎神的装脏活动共举行三天，农历五月十一日是活动的第一天，主要举行乱堂仪式。一大早，接受邀请的五六位法师便如期而至，在村庙内换上法衣。法师装扮时，旁边有二人唱"打扮"曲，对其穿戴大加赞美。装脏时，先由专门邀请的画匠将神像开膛，取出上一次的装脏物品，将事先准备好的马蜂、蛇、喜鹊、麻雀等物装入神像内。

装脏仪式中用的动物都必须是活物，头部装马蜂或者马蚁，腹部装石燕、太极石、十二精药、七种明香、竹子24节（代表二十四节气）、蜈蚣、海龙、海马等，下腹装一条蛇、一只喜鹊和一只黄雀。在画匠装脏的过程中，法师在一边敲着神鼓，演唱《三教明主歌》《三光四带五苗》《二十八宿》等土族传统古歌，村民们在一边陪唱。

五月十二日是举行正堂仪式的日子，村民们将装脏好的神像抬到庙外的场地上。法师在场地上画北斗七星图，在七星的分布位置点燃七盏灯，由七名小孩用手护定。法师拎一只小活鸡踏七星，一颗星绕一圈，共踏三次，后面有人在香盘中端着开光用的弓箭、毛笔、钢针、火种、一杆秤、一面镜、毛巾、木梳、红线。法师先唱《莲花曲》请神，此曲共分五段，分别唱青、红、皂、白、黄五色莲花，青为"请"的谐音；唱莲花，即请神，青莲曲的歌词为：

法师演唱古歌

好一朵青莲莲，

噢呀，青莲莲，

青莲青花开呀，

青莲青花开呀。

青莲（嘛）请神（者），

马蹄飒飒，

灵神下马，

青（请）莲们来呀！

……

　　唱红、皂、白、黄莲曲时只需改换颜色，歌词基本一致。唱完莲花曲，致颂词，颂词内容主要追溯神祇的来历和功德，依次歌颂观世音、四郎和二郎，其词如下：

观世音颂词：

　　观音妙善南海岸，法身常住普陀山，脚踏莲花千斤量，手执杨柳一枝春。口中常念观世音，千手千眼观世音，紫竹林里观世音，风波浪里观世音，救苦救难观世音，若往西方金桥过，时时救渡难中人。人中难，难中人，人离难，难离身，一切灾殃化灰尘。大慈大悲观世音，救苦救难显威灵，南无观世音菩萨。

四郎神颂词：

积石山座，重叠巍峨，万山环抱，中流灵验。古为明泽治世，今为感应福神，能治洪水降甘露，抗旱消灾救万民。身穿大红袍，光耀大地；脚穿追云靴，顷刻洞天。手执宝剑安自然，旱魔自消；神通广大自威武，鬼祟自灭。恶雹不临，消灾无形，凡民有难若祷告，神舍慈悲来感应。大慈大悲，极诚即灵，保护社稷真君，四郎通雨大王。

二郎神颂词：

万天通云，显灵真高，生为灌洲洪城为尊，担山赶日定太平。青面红发显威灵，花果山上降猴精。上天入云掌风雨，普洒甘露救万民，八九神功七十二变，大显威灵，大圣大悲，奉请上方二郎真君，清源妙道护国崇宁真君，川蜀大帝威灵显化二郎，穿花二郎，变化二郎。

致毕颂词，开始请神，其词如下：

奉请九天威方太乙圣母元君

奉请红石宝山摩劫威灵龙王

奉请青石宝山河池威灵龙王

奉请花果仙山水帘宝洞锁劫威灵龙王

奉请关圣帝君谢天大帝

奉请本方山神土主二位神灵

请完诸方神灵后，法师敲响羊皮鼓作法，为二郎神开光。法师问
一句，阴阳师和画匠即挥笔点珠。众人回答："开了！"

问：二郎爷的左眼右眼开了吗？

答：开了！（在眼睛上点珠）

问：二郎爷左耳右耳开了吗？

答：开了！（用弓箭射开）

问：二郎爷口舌牙换成了吗？

答：成了！（用钢针扎）

问：二郎爷左臂右臂圆了吗？

答：圆了！（用火种入气）

问：二郎爷三百六十五个骨气通了吗？

答：通了！（用毛巾擦）

问：二郎爷八万四千毛孔开了吗？

答：开了！（用木梳梳理）

问：二郎爷上丹田下丹田开了吗？

答：开了！（用镜子照）

问：二郎爷左肩右肩、左手右手、左腿右腿、左脚右脚入了气了吗？

答：入了！（用一只鸡祭奠）

问：入了火了吗？

答：入了！（用火）

问：秤一样平了吗？

答：平了！（用秤）

问：箭一样直了吗？

装脏后的二郎神，法师即将为他开光

答：直了！（用箭）

问：女娲娘娘的绣花针入了秒了吗？

答：入了秒了！（用穿线的针扎在二郎口中）

问：二郎爷点珠点窍了吗？

答：点窍了！（用毛笔）

问：开了光了吗？

答；开了光了！（用镜）

问：开光者齐全了吗？

答：开光者齐全了！

二郎神的开光点珠仪式结束后，就将神像供奉在场院之中，善男信女们念嘛呢，叩拜者和许愿者络绎不绝，有的许以羊、鸡或其他供品。可能是因为二郎神最初的供奉地在甘肃河州的缘故，人们还向黄河南面甘肃方向跪祭神灵。

第七章

·修炼神功·

让装脏一新的二郎神坐洞的神秘仪式

即意味着重新「修炼」

　　使地方神成为一尊真神,就得"修炼"。对地方神开光,使其有灵性。只有通过这一途径,才能修成正果,获得神力。否则,他跟常人一样,怎能降妖伏魔、造福百姓呢? 于是,就有了让装脏一新的二郎神坐洞的神秘仪式,即意味着重新"修炼"。

　　坐洞仪式极为隐秘,到夜深人静时,守护村庙的大牌头或者庙倌,烧香点烛,向神像顶礼膜拜,还烧三道黄表纸。然后悄悄背上神像,到附近山沟中寻到一处可藏神像的洞,将神像藏好。藏洞期为二十一天。在此期间,村庙门要用字符封好,禁止一切人出入。土族村民认为此时村神不在村庙内,如打开庙门,会使妖魔鬼怪进入。二郎神在山上"修炼"期间,每天夜深人静之时,庙倌要去所藏处点烛、上香、烧纸。每一次都要从不同的路线去,以防留下遗迹被他人发现。

　　"修炼"期满后,众牌头清扫村庙前帐房,全体村民都要到场,又要请来法师、法拉和阴阳,剪幡立杆,在村庙前竖立一杆两三丈的木杆,杆顶上升起两条各一丈长的黄白色"宝盖"(纸幡)。据说白色"宝盖"

剪有三十二齿用以敬天，黄色"宝盖"二十四齿敬地，杆中央绑一炷香表示敬神。到午时，在场的众人向帐房香案的神轿磕头祷告，法师敲着羊皮鼓，边唱边跳，赞神威力，阴阳师也开始念经。在这一切进

法师作法

行时，作为人神中介的法拉开始"发神"（意为神附身），他手持法器，身穿法衣，进入亢奋状态，双腮插钢钎，又舞又跳，奔向藏神像的山沟寻找神像，法师紧跟法拉赞助威力，大小牌头们抬着神轿跟在其后，

看热闹的人追随而去，整个场面十分壮观。说来神奇，法拉直奔藏神之处，找到神像。因而，在人们看来，地方神非常灵验，法拉和法师也很有威力。

法拉指明神像的藏身之处后，众牌头将神像请到神轿内，敲锣打鼓，抬神轿回村。留守村庙的人看见神轿返回，便鸣炮、烧香、跪迎。神轿先是供在帐房内的香案上，献上鲜花、蒸饼、清水等物品，并焚三道黄表纸，法拉才能"提神"（意即解除神力）抖落钎子。法师开始表演神鼓舞，颂神娱神，阴阳师念经。

给二郎神的祭品是一只羊。众牌头将早已选好的健壮无缺陷的白色羯羊牵入帐房，给羊搭红。众人跪在神像前祷告，其中年长者跪在最前，手捧内木卦（木卦为竖分两半的圆锥体，内刻有日月形和《周易》中的乾坤符号）、卜卦（据说有八八六十四卦，卦都扣在地上，叫阴卦，阴中保佑；

仰起为阳卦，阳卦欢喜；一扣一仰，叫上卦，意为上上得喜）。同时两三名小牌头向羊背上倒清水，如老者得上卦，祭祀羊浑身一抖，表示神已悦纳。此后将羊宰杀，羊肉下锅时不能放任何调味品，煮熟以后先敬天，后敬地，最后敬本村寨的保护神。土族村民称此仪式为"泼盘"。敬完神以后，大小牌头将肉和汤分与众人食用。结束时，众牌头将杆上悬挂的宝盖钱粮烧掉，将神像连同香案抬回庙内供奉，将羊皮送给法师，敬神的五谷、蒸饼归法拉和阴阳师，以示酬谢。整个"修炼"仪式宣告结束。

· 纳 顿 来 历 ·

值得肯定的是

传统的纳顿节是

围绕各村村庙

而举行的群体性祭祀节日

实际上就是土族民众的庙会

　　关于纳顿节的来历，三川地区流传着不少传说故事。说是很早以前，与三川邻近的白塔寺有一位木匠，手艺高超，远近闻名。皇帝要修皇宫，便召他去主持设计修建，却不料这位匠人是个不同寻常的艺人，他看透皇帝横征暴敛，大兴土木，劳民伤财，不肯就范，编了个理由，悄悄抽身，连夜逃走了。他逃到三川，看到这里也是民不聊生，便义愤填膺，振臂一呼，老百姓纷纷响应，迅速组成一支起义队伍。皇帝一听三川的土民造反，就派人前来打探。木匠得到这个消息，随即吩咐士兵们把武器藏起来换上长袍，手擎扇子、彩旗跳起"会手"舞来。那些探听军情的人都被搞糊涂了，一问当地人，回答说："我们是在过节，跳会手。"这样一来，皇帝的探子就信以为真了。至于木匠起义是否成功不得而知，但纳顿节从此便流传下来了。

　　还有这样的故事：元朝初期，成吉思汗的军队征战西北，经过三川时，大队人马因长途行军作战，人困马乏，在黄河边驻扎休息。大军酣睡之际，突然接到命令开拔。一小部分军队因劳累过度，没有听到出发的号令。留下来的这一部分队伍一无粮草，二无向导，只好留在三川。他们在三川开荒地，种庄稼，打算筹足粮草再去找大部队。谁知到了第二年秋后，蒙古军队征服了整个中原王朝，成吉思汗的后代也当上了皇帝，上面传令叫他们留在当地，把守黄河。于是，这支军队平时种庄稼，闲时练兵。慢慢地，练兵习武成了一种娱乐活动。以后，这种活动变成了庄稼收获季节举行的庆典仪式，当地的土著人也参加了进来，形成了现在的"纳顿"。

以上传说是民间对纳顿节起源的历史记忆，虽然生动，但只能作为参考资料，而不能充当史料或者事实依据。纳顿节究竟因何起源、形成于哪个时代，并无文字记载，当地老百姓也说不出个所以然来。

然而，值得肯定的是，传统的纳顿节是围绕各村村庙而举行的群体性祭祀节日，实际上就是土族民众的庙会。庙会是中国特有的民俗事象，其历史十分悠久，早在商周时就已出现。明代是中原广大地区庙会昌盛而稳定的重要时期，明代庙会从规模、类型和对地方的作用上都大大超过了以往。土族在历史上就是一个博纳兼容、善于吸取其他民族文化的民族，三川土族很早以前就接受中原文化的影响，其中一个很重要的因素，便是三川地处丝绸南路和唐蕃古道要冲，这种优越的地理位置，使其不可能成为中原文化的绝缘体。因此，在中原庙会文化兴盛时期，三川土族受汉族影响，在当地举行类似的文化活动是显而易见的。

在纳顿节的谢恩词中，有"河州卫刘督爷留下了青庙会道"的词句，这句不仅指出了纳顿节是庙会的事实，还给我们透露出了一些有关纳顿节起源的信息。明朝时期，中央政府在河西地区实行卫所制度，在今甘青地区设立了河州卫、西宁卫。三川地区当时隶属河州卫，受河州卫积石州千户所管辖。而从称谓和对地方的影响力看，谢恩词中的"刘督爷"应该是指明朝时任河州右军都督府同知的刘钊，在《明史》中"刘钊"又写作"刘昭"，是个颇有战功和威望的地方官吏，他于"永乐五年镇守河州，号令严明，番夷畏服，在镇三十余年，居民安堵"。为了传播中原文化，凝聚民心，便于统治，以刘钊为代表的河州卫在其管辖范围地区兴办庙会不足为奇。

综合以上史实记载和民间传说，我们不妨推断，土族纳顿节最初产生于明代，是受汉族庙会文化影响后产生的民俗事象。作为一种复合的文化事象，土族纳顿节并不是一开始就有现在的风貌，它经历了相当漫长的发展时期，其内容和形式不断地得到补充和丰富，其最后完善、成形时期应是在清代。也就是说，我们现在看到的土族纳顿节大约是在清代定型的，这一点可以从纳顿节的报喜词、面具舞《五官》的表演服饰中得到印证。

前面已经提到，纳顿节在互助、大通等地土族中并不存在。可是，在青海省境内的黄南同仁县以及甘肃省永靖县，仍然能见到类似于纳顿节的传统习俗。譬如永靖县杨塔、王台、红泉等地流行的傩舞，由会首、旗队、锣鼓、脸子（戴面具者）等 60 多人组成。4 名会手，一般是跳会手的能手，他们身穿八卦衣，手握"开天斧"，走在最前面；旗手们头戴红缨帽，身穿长袍彩服，随着会手的方位变化，舞蹈表演达到高峰时，发出"好好呀呀""好好呀呀"的喝声。锣鼓奏舞会音乐，旗手的表演有"三回九转""跳大圈""跳方阵"等诸多形式。戴面具表演的角色众多，有刘备、关羽、张飞、周仓、曹操、蔡阳、吕布、貂蝉、三眼二郎、李存孝、笑和尚、阴阳、猴、老虎、牛、马、红绿二鬼等。其戏剧表演的剧目中也有"五将""庄稼人"等傩戏。

说到这里，不能不提热贡地区的六月会。青海省黄南藏族自治州同仁县境内，以藏族为主，也有部分土族杂居。这一地区俗称热贡。热贡的六月会规模盛大，其组织方式以及酬神献舞等，与三川土族纳顿节相似，都是以村落为单位举行，其主旨同样是通过祭祀本村地方福神以祈求风调雨顺、人丁兴旺，其节日仪式中都有迎神、颠轿、供献食品、舞蹈娱神、戴面具的傩舞表演等。

不同地区相似的祭祀酬神、庆祝丰年的大型节日，说明类似于纳顿节的传统文化现象在甘肃和青海两地同时存在，只是后来由于传承地区和民族不同，受传承地区的人文历史、地理环境和民族文化的影响，其形式和内容都发生了变化，形成了各地不同的表现形式和文化风貌。三川与永靖县相隔不远，经济文化方面的相互交流不足为奇。而三川的有些土族人曾经迁徙到热贡一带居住，热贡的土族将他们的六月会称之为"拉顿",也是情理之中的事情。通过这样的梳理,可以这样说,纳顿节是在三川土族的文化土壤中传承发展的,因受周边汉族影响,带有中原文化色彩;而热贡地区以藏族为主,因而六月会渗透着藏文化色彩。虽然纳顿节和六月会,存在着这样或那样的差异,但都保持了民间习俗和艺术表演方面的原生态,不仅艺术表演内容保留得较为完整,艺术形式、祭祀仪式等也原始古朴,文化特色非常鲜明。

第九章

· 一 庙 一 会 ·

纳顿不拘姓氏而拘村庄

与邻村或者周围的几个村子之间形成一庙一会

完全遵从了共同的生产需求这一法则

　　纳顿既是节日，又称作庙会，这到底怎么回事呢？用一句话来解释的话，可以这样说：纳顿节具有一庙一会的特点。如果忽视了水与庙会的密切关系，很难说清楚纳顿节的实质与功能。

　　大约在元末明初时期，土族进入了以农耕生产为主的阶段。西部地区气候干燥，旱象不断。于是，水与农业生产的矛盾便显得非常突出。为解决灌溉用水，一家一户的个体经济单位，形成一种联合体，集中人力和财力，从事拦河坝、修水库、田间管理等集体性活动，以解决灌溉引水、合理分股、调解纠纷等矛盾。这种联合体以庙会形式出现，具体组织者叫"牌头"或者"水牌"，他最初的实际含义是水分的安排者。"水牌"由众人推举产生，除了组织集体性的生产活动外，还承担着祈雨、青苗会、纳顿节等宗教活动的组织与联络。

　　正是因为集体的生产活动需要，纳顿不拘姓氏而拘村庄，与邻村或者周围的几个村子之间形成一庙一会，完全遵从了共同的生产需求这一法则。这在以血缘关系为基础的宗法社会里，不能不说是个特殊现象。因为水资源属于人人都可以开发利用的自然资源，泉水或河滩水流经的村子，大家都享有这一资源。这样，凡是结成庙会的村庄，共同修一座庙，供一尊地方神，往往与共同享用或者支配灌溉用水有关。譬如，在过去，中川一带的文家村与祁家村、杨家村结成了一庙一会，是因为这三家共同灌溉文家沟的河滩水。而他们的邻村宋家和鄂家只能引用文家沟的漏坝水。于是，宋家和鄂家形成了一庙一会。中川上游的上马家和下马家之所以能结成一庙一会，是因为上马家河滩有一股泉水，上下马家共同引用。喇家村要引小吕家沟的水，因为他们是一庙一会，这事就容易解决。地处上川的赵木川上庄张家、郭家、马家等几个村与下庄的余家、赵家、窦家共同浇杏儿沟水。为此，上庄与下庄结成了伙伴关系。还有官亭吕家、何家、鲍家等几个村子结成庙会，也与共同用水有关。每个村举行的纳顿，都有其固定的会期。届时，有庙会关系的邻村组织会手舞队前来庆贺，借此协调和巩固相互之间的亲密关系，协商解决护理水渠、护青苗等事宜，如果村与村或者个人之间发生矛盾，也通过节日期间的聚会，调解生产生活等方面发生的纠纷。

对于过去的农业经济结构和生产活动，我们并不陌生。一家一户的个体经济单元相对分散，村与村之间也不相统一。处在这样的生存环境里，解决这样一些生产或者生活中遇到的矛盾和纠纷，最高的最具有权威的裁决者就是地方神。只有庙会，才能将人们凝聚在一起，从事一些大的生产活动和宗教活动；也只有借助神威和神谕，使矛盾双方容易沟通，便于调解纠纷。在落后的生产力条件下，人们的生产活动、行为方式往往依赖于神的祈求和庇护。遇上丰年，则举行"纳顿"，通过隆重的宗教祭祀、献舞唱歌来答谢神恩，娱神娱人，因而使三川土族的"纳顿"形成了一种富有地方特色并内涵丰富的民俗文化。

由此可见，纳顿作为一种庙会，当地老百姓通过祭祀和娱神等宗教习俗，借以达到最终目的，就是为了便于生产，便于生存。透过"纳顿"的种种表象，所能看到的却是人与人、村与村之间的某种实际利益。在过去那种个体经济落后、生产力低下的状况下，三川庙会的这种性质，其实是一种特殊的生产组织形式，最终的目的，就是要解决生产问题，协调人与人、人与自然的关系。这样的组合方式，就当时的生产条件来说，是一种相对合理的也是有效的组织方式。庙会所起的功能，地方官府或者其他宗教无法替代。譬如，文家和宋家两庄人曾为抢占河滩水长年打官司，官府难于作出判决。而当文家与杨家和祁家三庄结成一庙一会后，就形成了强大联盟，宋家人再也不敢争夺文家沟的河滩水了。佛教在三川地区极为盛行，但在祈雨、灌溉、调解纠纷等方面，喇嘛、活佛却不便像"水牌"那样直接插手世俗的事情。因而自然宗教、道教与佛教在三川鼎足而立，长期并存，在人们生活中各有各的功能。

如今，纳顿节在三川各个土族村庄依然举行，只是其中娱神的宗教色彩在逐渐淡化，而娱人的成分越来越得以彰显。这种变化主要在于传统的生产方式及其自然经济结构被打破后，作为一种民俗文化，其外在形式和内在蕴含在发生变化。而纳顿所体现出来的民族凝聚力，人与自然的和谐，开发经济和文化资源中显示的集体智能、民族精神，通过他们的传统节日，在新的物质和文化层面上发出光彩——这也是纳顿在当今社会中的价值和意义所在。

纳顿覆盖三川地区中川、峡口、赵木川、杏儿、甘沟、前河等地区。三川地区的土族村庄是以家族为基本单元的自然村，各村纳顿节虽然以姓氏命名，如"宋家纳顿""鄂家纳顿""辛家纳顿""鲍家纳顿"等，但一个村子如果有不同的姓氏，纳顿节便代表这个村庄的各个姓氏。

三川地区的土族各村庄，纳顿基本上是依据庄稼收割的顺序轮流进行的，其时间均按农历排列。

七月十二既是中川乡宋家纳顿的正会，又是鄂家的小会，鄂家作为客队前来祝贺。七月十三是鄂家纳顿，由鄂家、宋家两个村庄联合主办，会手主队是鄂宋家，客队是峡口乡的桑布拉村。同日，峡口乡的面草沟也举行纳顿，只是象征性地聚会一下，二郎神也不被请到那里去。七月十四是桑布拉纳顿，由铁弓、怀塔、蒋马家、老庄、大庄等自然村联合举办，客队会手是鄂家。十五日是杨家纳顿，由中川乡美一村文家沟、井田村杨家两个自然村联合举办，互为主客队。十六日是中川乡草滩村祁家纳顿，客队会手为中川乡清泉二村王家。十七日是王家小会，十八日是王家正会，由王、聂、侯三姓联合举办，客队会手是草滩祁家。十九日是中川乡清泉一村辛家村的小会，第二天是正会，客队会手是中川乡前进村朱家。二十一日是中川乡井田村马家纳顿，由上下马家联合举办，各轮流一年互为主客队。至此，下川和中川一带纳顿节进入尾声，纳顿节逐渐向上川转移，假如你赶不上下川或者中川的纳顿节，还可以去上川的某个村庄观赏一番，照样大饱眼福。

据传，二郎神以前的供奉地在甘肃境内的河州，后被迎请到三川的第一个落脚点赵木川，所以赵木川为二郎神的娘家。二郎神在台子庙被供奉六天，期间举行念嘛呢、献牲、还愿等宗教活动。直到二十六日才正式举行纳顿，客队会手是下赵家、山赵家。二十七日为下赵家小会。二十八日为下赵家正会，客队会手是台子、山赵家。二十九日为赵木川余家小会，若逢大月，顺延一天。农历七月的纳顿

迎接二郎神

到山赵家结束，八月的纳顿从赵木川开始。八月初一是赵木川余家纳顿，客队会手是安家、窦家。初二是安家纳顿，客队会手是山赵家、余家。初三至初六是山赵家纳顿，期间举行祭祀活动和嘛呢会等。初七至初八是窦家纳顿，客队会手是安家。初九至十二日是赵木川上庄纳顿，由河沿村的郭家、张家、上下马家联合举办，客队是余家。十一日是中川乡民主上红庄纳顿，客队会手为赵家、魏家山。十二日是中川乡民主村赵家、魏家山纳顿，客队会手为上红庄。十三日至十五日为官亭寨子纳顿，由寨子、寨子山联合举办。十六日是中川乡团结村的陈家纳顿，由陈家、白家、张家、司家、昂家、鄂光塘联合举办，各自然村轮流举行。十六日过会的还有中川乡的巷道祁家（包括洒他拉王家、树过拉王家、仡老吴家、虎木盖李家、西灭拉等），还有前河乡的甘家川。十七日是官亭镇徐家山纳顿，由徐家山、喇家湾子联合举办。十八日是中川乡的虎狼城（包括孕当巴祁家、朱家岭等）纳顿，客队会手是中川乡巷道祁家。

说到这里，你或许认为纳顿节一村接一村，这么多的村庄都在过节啊！然而，离纳顿节结束还早呢，还有许多村庄正在张罗着过节，纳顿的鼓声还在召唤着人们，前去观赏八月十八至十九日杏儿乡乱石头村的纳顿节。接着，二十至二十一日是杏儿乡协拉纳顿；二十二至二十三日是杏儿乡土木其纳顿；二十四至二十五日是杏儿乡大庄纳顿；二十六日，孕马卡、金巴拉两个村庄联合过会，这些村子只举行祭祀活动，不举行傩舞表演。二十七日至二十八日是杏儿乡陈家山纳顿，他们那里跳会手，表演傩舞，节日氛围浓厚。除上述节日外，在农历八月间过会的还有大马家沟，恩都巴沟（即现今的峡口乡团结村、民主村），卧地沟（前河乡丰一村、丰二村）。嗣后的节日移到浅山地区，如八月二十一日至二十二日是前河乡庙儿庄纳顿，八月二十五日是前河乡的牟家寺纳顿。

农历九月的纳顿从官亭地区开始。官亭属于上川，九月初一至初五是官亭吾石沟纳顿（又称六户会），由吾石、光辉两村的龙布、何家、桑任家、石扬家、邓家、克什满、牙洒、忙会、鲍家湾子等自然村联合举办。具体日子由"法拉"（巫）择日而定（逢大月顺延一日）。初六是官亭库巴沟纳顿，由上库巴、下库巴、恩多日、怕日、先什、结龙、红台、白家等小村庄联合举办，以结龙庙为主。七日至八日是官亭鲍家纳顿，跳傩舞，客队会手是喇家、官亭四姓（秦、张、何、吕）村庄。初九至初十是喇家纳顿，跳傩舞，客队会手是鲍家及官亭四姓。十一日至十二日是官亭四姓的纳顿，客队会手有喇家、鲍家，朱家（中川）也来庆贺。十三日至十五日是朱家纳顿，客队会手是辛家。朱家纳顿落下了整个土族纳顿节的帷幕。

三川的纳顿节，历时之长，规模之隆重，亘古稀少，举世罕见。就说它历时两个月之久的会期，称其为世界上最长的狂欢节，毫不夸张。

第十一章

·祭神还愿·

在土族人的信仰观念中

举行请神仪式之后

神灵就降临了纳顿会场

地方神是纳顿节至高无上的主宰，各村庄请神的仪式庄严肃穆。一般来说，村民们尊称村庙的庙神为"老爷"。各村的纳顿节到来后，在小会那天的早上，村民们要举行隆重的请神仪式，虔诚地将本村的庙神和二郎神迎接到纳顿会场中。

各村的纳顿会场设在村庙附近的开阔地带。在纳顿节的前一天，村民们要在会场上搭一顶坐北朝南、可容百人的马脊式白布神帐，帐房四角绣有云水图案，中间镶嵌法轮、蝙蝠、鹿等纹饰。神帐南面彻底敞开，用桌子支起香案，供奉二郎神和村庙庙神。神帐对面竖起五根十多米高的幡杆，按金、木、水、火、土五行分开。中间一根为土。幡杆呈十字形，两边各挂一幅七八米长的黄色纸长幡。幡杆后立两根木棍，拉一条长绳，悬挂着用黄白两色纸剪制的"宝盖""钱粮"。一侧另搭一个小帐房，存放各家送来的蒸饼及演面具舞所需的服装和道具。

纳顿节隆重的请神仪式从农历七月初十拉开帷幕。宋家纳顿举行得最早。这一天，中川乡宋家村大小牌头和庙倌一起来到村庙中，在大殿内点燃数盏佛灯，并在地方神的神像前焚香祷告，烧纸祭奠，请求神灵"下庙"，接受村民们的供奉祭祀。然后放鞭炮，敲起铜锣，将神轿抬到会场的帐房供奉，这项仪式称为"老爷下庙"。

十二日凌晨，宋家的牌头联合鄂家牌头，携带香、表、酒等物，一同赶往吴张家的"二郎神"总庙。他们在宗庙的大殿内点燃佛灯，上香烧纸，请求神灵下庙。之后，两人举着二郎神的黄色龙旗，一人执香前行引路，牌头中的青壮年四人抬着二郎神的神轿，其余人在神轿两侧簇拥而行，以便随时轮换。二郎神被请动后，敲锣的人每走几步就要敲一声锣，一路锣声不断。抬轿的人颠轿而行，表示神力非凡，

二郎神和土地神的神轿

难以承受。从朱家到宋家，要经过辛家、王家、杨家、草滩祁家、文家等村庄。过去，每经过一个村庄，都有虔诚的村民在路旁设香案迎接，点香烧纸，燃放爆竹，男人们向大小牌头敬酒，老人和女人们则跪下磕头。有病的人还跪伏在路中央，让二郎神轿从他们头顶经过，希望借助神的庇护早日康复。二郎神轿到达会场后，众人又拈香烧纸、放鞭炮，将神轿供在香案的正中央。

二郎神被请到宋家纳顿会场后，要在小会和正会供奉两天。宋家纳顿结束，将要接着举行纳顿的鄂家牌头们虔诚地将二郎神请走。其请神时间一般在下午，其仪式与宋家纳顿的请神仪式基本相似，也是由专人举着二郎神的黄色龙旗，执香、敲锣前行引路，青壮年们抬着神轿颠轿而行，一路上有村民点香烧纸跪迎。就这样，一个个举行纳顿节的土族村庄，依次将二郎神请到自己的纳顿会场中，接受土族群众的膜拜。一直到农历九月十五中川乡朱家纳顿结束时，二郎神才结束其长达两个多月之久的巡游三川之旅，返回吴张家宗庙。

土族村民们祭祀二郎神和庙神的主要供品，是一个用当年新收割的粮食所磨的新面做成的直径四五十厘米的大蒸饼及一些清油、酒、宝盖和钱粮等。曾在上一年中向二郎神和庙神许愿，愿望已实现需还愿的人家，则要向二郎神和庙神献上所许的鸡、羊等活牲。在各种供品中，大蒸饼是必不可少的，由家里的主妇制作。为表示对神灵的虔敬，制作前有一些禁忌，主妇们须在三天前就禁止房事，在小会的一天全

献供的蒸饼

身沐浴香熏后，才能下厨制作敬神的蒸饼。蒸饼六七斤重，为了美观，一般都雕有花、蛇、鱼等精美花纹，爱美的妇女有时还把自家院子里开的鲜花插在蒸饼上，向神供献。

　　绣工好的妇女还向地方神供献自己亲手绣的香包，二郎神和各村庙神神轿前就密密地挂满了各种花色和样式的香包。在这些供品中，酒、油等一般在小会那天供献，蒸饼、宝盖、钱粮则一般是在正会早上供献。当然，这些蒸饼除了献供地方神，还要献给前来观赏纳顿的宾客们，这是土族款待客人的最高礼节。

献供的蒸饼

在土族人的信仰观念中，举行请神仪式之后，神灵就降临了纳顿会场。因此，在小会的一天，村民们还要就祛病驱灾、求子、祈福等原因，在二郎神和庙神前许愿和还愿，或祈求神灵的护佑。纳顿会上许愿和还愿的祭品很有讲究，必须是大公鸡或羯羊。纳顿会上的个人许愿很随意，仪式也比较简单，许愿者既可在神帐前烧香磕头，默默祈祷，也可以提前带大公鸡和羯羊前来许愿。许愿时，一般由庙倌或大牌头代言，向神传达许愿人的心愿。如果许的愿望实现了，就需还愿，还愿的祭品一般也是大公鸡或羯羊。许愿或还愿时，水牌要在鸡或羊的头上倒酒，如活牲摇头，就表示神已喜纳；如多次倒酒仍不摇头，

许愿

就需另换一只。这样的许愿方式很有意思。总之，想方设法让地方神
喜纳为止。当然，向神献一只大羯羊，神哪有不高兴、不接受的道理？
许愿的村民将大公鸡或羯羊在神前供献之后，便带回家宰杀煮熟，将
鸡心或羊心拿来"破盘"。水牌拿刀将鸡心或羊心剖成两半，扔到盘里，
如两瓣心一正一反，就说明神喜纳；如不是，就再扔，直到扔出一正
一反的情形为止。除此外，供献人还要带羊蹄、肝、肺或鸡头、鸡爪、
一些肉汤来向神献祭，肉汤往往泼洒在神案前，其余食物则由在场的
人分享。

第十二章

·会手起舞·

这是娱神的狂欢

也是辛苦了一年的

庄稼人自娱自乐的狂欢

　　"会手"们的表演开始了，这是娱神的狂欢，也是辛苦了一年的庄稼人自娱自乐的狂欢。

　　你看，会手舞队依次由老者组、锣手组、鼓手组和旗手组成，户数多的村庄会手队伍多达上百人。会场上空彩旗招展，钱粮宝盖悬挂四周，会场上方的神轿前香烟袅袅，摆列着各种供品。锣鼓喧天，舞姿翩翩，"大好"声此起彼伏。尤其是主客队汇合会手后，其声势更为浩大。

会手舞队

德高望重的两个老者领队，在神帐前的开阔地带形成一个圆圈，空出场地进行表演。老者们随着鼓点，按照太极图的形式挥动双臂，左右侧身先左旋，后右旋，形成一个完整的太极图。舞时摆动腰身，双臂一起一落，脚步一虚一实，转动自如，起落自然，舞姿轻盈优美。献舞者们往往是喝点酒再上场，酒助人兴，平时步履蹒跚的他们此时舞姿轻盈，神情喜悦，是观众们注目和评论的焦点。而年轻力壮的锣鼓手的表演有紧缓两种形式，行军中只是上身及手臂稍带活动，两厢会手舞队汇合之机，节奏加快，全身摇摆幅度增大，摇头抖肩，动作多变，舞姿矫健，动作豪放，鼓点急促，也十分吸引人们的眼球。会手队伍在会场上按各种路线行进，摆出"一字长蛇阵""太极阵""二龙戏珠阵""八卦阵"等多种变换形式。会手们舞一会儿，就要暂时停下来分成若干群，凑到一起兴高采烈地齐声高喊"大好哟好"，宣泄丰收的喜悦。

会手舞队

锣鼓队

　　当主队的会手们跳得正起劲时，远远地有锣鼓声传来，原来是客队的会手快到村口了。主队的会手队伍便敲着锣，打着鼓，前往村口迎接，迎接的地点一般在村口或桥头。主队的人跪迎客队庙神，大牌头和老者们在客队前焚香、烧钱粮、放鞭炮，向客队的老者们敬酒。客队的牌头和年轻人抬着自己的庙神神轿，在队伍中颠簸着来回奔跑，一边跑一边大喊"大好哟好"。接着，客队的神轿在前，主队会手队伍在中间，客队会手队伍在最后，井然有序地回到纳顿会场上。众人将客队庙神的神轿安放在神案上，与二郎神轿、主队村庙神神轿并排而列。客队的大牌头在神帐前焚香磕头。然后客队在左，主队在右，各自按顺时针起舞，按当地的说法，叫"摆阵法"。这时候，会场上锣鼓声震耳欲聋，彩旗飞舞，欢快的"大好"声不时响起，场面十分热闹、壮观。

　　在摆阵法的过程中，当两队的前队行进到神帐前后，老者组和旗

鼓手表演

手组就会停下来歇息一会儿，而两队的锣鼓手就成了表演的主角。他们排成四列纵队，每队两列，面对面站立，开始进行一场具有竞技性质的锣鼓表演。这是纳顿会手表演中的一个高潮。竞技时，主客队的锣鼓表演不是同时举行的，先是客队表演，锣鼓手们腾挪旋转，猛烈敲击，然后聚在一起高举锣槌和鼓槌，齐声大喊"大好哟好"。

客队停下来后，主队接着表演。在多次的轮流表演中，锣鼓手们的舞姿狂放，鼓声激越，"大好"声十分响亮。在这些好胜的年轻人眼里，锣鼓声越激越，"大好"声越响亮，他们的表演就越成功，风头就能压过对方。

第十三章

·答谢神恩·

「答头」仪式的主要内容

是请神临会，向神谢恩

会手舞的表演一般是三分三合，他们在神帐前绕了若干圈之后，就该举行"答头"仪式了。"答头"仪式的主要内容是请神临会，向神谢恩。酬神的献供用刚打下的青稞酿造的"头缸酒"，用新面制作的"头素盘"（第一个大蒸饼）。

此时此刻，会手队伍齐齐跪倒在神帐前，由两位老者站在神轿前吟诵答头词，向四方神灵祈祷，迎请诸神降临。在三川纳顿节中，鄂家纳顿和桑布拉纳顿的规模最大，仪式最规范，答头词也最完整。为读者及学界提供完整资料，特录原文。其词如下：

上有三十三天，

高皇大帝，玉皇大帝，

城皇大帝，紫微星大帝。

上方见了九天圣母娘娘。

虚空过往，过往里显了，

赶日二郎，担山二郎，

神灵，神灵，上方诸位神灵，

南北二郡，诸位的神灵，

连古二道天道、地道、仙道，

头轮之杯祭典的是仙道，

河州卫、黄河之北，

西宁卫、地方之左，

三指龙鞭，占了一瓦之地。

西宁府、碾伯县，该管静宁寺，

从上往下，五大堡三川，

撒麻堡，鄂家堡，两庙正堂正坐。

河州卫刘督爷留下了青庙会道。

变化二郎，穿花二郎。

东海龙王行走时，

雷公雷母打雷闪电，

闪电里显了摩劫龙王，

东海龙王，南海龙王，

西海龙王，北海龙王，

河池龙王，中方显了水草大王。

上五户，下八户，

两庙如一庙，两姓如一姓，

锣头对锣头，旗头对旗头。

众人答报神恩，起锣鸣鼓，

年历选在公元年，

月历选在七月间，

当日排在十二、十三日，

神道之日，龙坛宝会。

到那九月九、十月一，

青草结籽，黄草上场，

恶风暴雨，远离消散。

威灵显神保障了一方。

两头的会手哎，

头缸酒，头素盘，

无数的钱粮宝盖，

诸位福神面前谢恩着搭头。

致完答头词后，主队和客队的会手们又在各自的场地继续表演，再次相合后，进行"报喜"仪式。报喜人是两个十几岁的孩子，手提铜锣，跪在神帐前，高声吟诵报喜词，吟一句，敲一下锣。

致答头词

神灵，神灵，上方诸境的神灵，碾伯二境（民和曾属碾伯辖区）诸境的神灵。今祭祀大清国，大清国坐落皇帝中国之地，陕西省城封城地方，灵云二道，智道贤道头领智百事河州。地方之道，河州徐立爷、刘知爷便下留。会青苗的时候到黄河以西，西宁地方该管铮灵寺，大山往下，下吾三川，散马堡、鄂家堡庙滩占不瓦之地。

神噢，上方见了九天圣母娘娘、王母娘娘、大系娘娘、金花姐娘娘、雷公雷母，风雷闪电、闪电的娘娘。神噢，上方见了变化二郎、传花

报喜

二郎、甘州二郎、赶庙的二郎。神噢，上方见了摩劫大帝、锁脚大帝、张天师是水草大王。神噢，东海见了花果宝山金龙大王，南海见了普陀宝山山神大王，西海见了须弥宝山白马大王，北海见了俄弥宝山该国大王，中海见了五龙宝川，是五山的大王。

　　年历排在2006年，月历排在七月内，日历排在十三、十四日，上八户、下五户，两庙如一庙，两姓同一姓，同姓可以庙倌对庙倌，锣头对锣头，旗头对旗头，众人打保旗，古锣响哉。到那九月九、十月一，恶风暴雨远离消散，青草结籽，黄草上场，五谷包收，是两庙着会手谢恩着搭头（磕头行礼）不已。

唱喜讯也有讲究，主客队的会手交替演唱，互相赞美对方村的庙神。如在鄂家纳顿中，致二郎神的喜讯由桑布拉的会手演唱，致九天圣母娘娘的喜讯由鄂家的会手演唱，致摩劫龙王的喜讯由桑布拉会手演唱，致水草大王的喜讯由鄂家会手演唱。桑布拉纳顿唱喜讯的顺序刚好相反，致二郎神的喜讯由鄂家会手来演唱，致摩劫龙王的喜讯由桑布拉会手演唱，致九天圣母娘娘的喜讯由鄂家会手演唱，致水草大王的喜讯由桑布拉会手演唱。在这四位神灵中，二郎神是三川地区的宗神，也是纳顿的主神，唱他的喜讯是一种荣耀。因此，为了表示对客队的尊重，主队谦让给客队唱。摩劫龙王是鄂家村庙的庙神，在两村纳顿会中，均由桑布拉会手唱，也是表示对鄂家队的尊重和礼让。九天圣母娘娘和水草大王是桑布拉村村庙的庙神，在这两个神灵中，九天圣母娘娘是桑布拉村庙的主神，她的喜讯在两村纳顿会上也都由鄂家会手演唱。这种安排和顺序其实是一种对土族乡村社会礼仪规范的隐喻性展演和强化。

报完喜后，举行"喜讯"的演唱仪式。"喜讯"是纳顿会中唯一用演唱形式进行表演的仪式活动。"喜讯"仪式的主要内容是颂神，用华美的歌词赞美神灵的服饰、仪态、神威及降临会坛、惠赐百姓、与民同乐的恩惠。对会场上请来的几位地方神，要逐一进行赞美。致喜讯时一般要选会手队伍中德高望重、熟悉唱词、有一定表演能力的两位老者，他们手拿扇子，面朝西方而立，对面则站立两位锣手。老者们唱两句，锣手就敲一下铜锣，拖长了声调高喊一声"大好——哟好"！

二郎神的喜讯词如下：

喜讯，喜讯，远来的喜讯，

叫了喜讯开天门，

开了天门开神门，

开了神门请万神，

请了万神请二郎。

二郎爷头戴三山帽，

身穿黄袍八卦九条龙，

腰系蓝天白玉带，

二郎爷脚穿登云鞋，

二郎爷骑的是白龙马，

白龙马吃的是凤凰山上的灵芝草，

白龙马喝的是五江的水。

二郎爷骑上龙马下会坛，

下了会坛点会手。

两庙的会手来会合，

有喜有喜都有喜。

二郎爷八九神功显威灵，

花果山上降猴精，

保佑江山保万民，

五谷丰登享太平。

头缸美酒新素盘，

无数的宝盖钱粮谢神恩。

唱完致二郎神的喜讯后，老者大声道白："四个将军来伺候，过来过去打一个顶带吧！"这时，四个身穿白长衫、手拿杠子的男子上场，分为两队相对而立，举行"打杠子"仪式。

"打杠子"类似于武术表演。意思是将军练武，其招数各会场都不太一样，根据道白做"顶带""夹刀""侧刀""撩刀""杀刀"等不同的打法；基本动作是互相击打木杠。每唱完致一个神的喜讯，就要打一次杠子。各村纳顿会，除了请二郎神的神像外，还要请本村的庙神和客队的庙神。因此，唱完致二郎神的喜讯后，就要唱致本村庙神和客队庙神的喜讯。

第十四章

·《庄稼其》·

傩舞和傩戏
是土族久远的生活迹象
在纳顿节中的鲜活展演

提起傩戏，有些人也许不甚了解。傩戏源于古代的傩祭习俗，傩以酬神醮鬼为主要目的，以面具表演为重要的造型手段。土族纳顿节中的面具戏为了酬神、娱神而举行，应属于傩戏范畴。"会手"舞结束后，接着进行傩戏表演，是三川"纳顿"期间傩祭习俗的主要组成部分。傩戏表演是纳顿节中的一项重要活动。由于演员都戴面具进行表演，也有学者称之为"面具戏"，但土族民间一般根据剧目来称呼。纳顿节中的傩戏剧目包括《庄稼其》《关王》《三将》《五将》《关王》《杀虎将》《五官》等，在这些民间小戏中，《关王》属于傩舞，有的表演则有简单的故事情节，如《庄稼其》《三将》《五将》《杀虎将》等，可以归入傩戏。傩舞和傩戏富有民族历史文化和社会生活蕴含，是土族久远的生活迹象在纳顿节中的鲜活展演。

会手仪式结束之后，观众们在神帐前围成一个圆圈席地而坐，欣赏充满着生活情趣和训诫意味的《庄稼其》表演。"庄稼其"，指种庄稼的人，也是土族庄稼人的自称。《庄稼其》是一出富有喜剧性且寓教于乐的舞蹈表演剧，剧情表现的是老农教子务农的故事，被称为是"纳顿的根本"，在各村纳顿会上向来是第一个演出的节目，一般都由本村的人表演。

《庄稼其》的表演十分诙谐生动，主要表演者为老农、儿子、母亲、儿媳。这四名演员各戴着符合角色性别和性格特点的面具上场，跳一阵后，老农带家人面向神帐跪拜，然后席地而坐，锣鼓暂停。老农一边扇扇子，一边向观众数落儿子："哎，儿子长大了，但是不学好，不是去做买卖，就是耍赌博，现在不管管不行了！哎，儿子，你想种庄稼，还是想做买卖？"

《庄稼其》表演

　　儿子在场上跷着二郎腿，懒洋洋地回答："我不种田，也不做买卖，只是想耍赌博。"老农急得直搓手，连忙劝说："那怎么行呀，赌博行里出盗贼，这可千万耍不得呀。"母亲和儿媳也在一边随声附和："是呀，赌博耍不得呀。"儿子听了就改口说："那我要去做买卖，别的什么都不干。"老农摇摇头，叹口气，说道："看来这孩子得好好开导。这样吧，请几位老者问一问，看他们怎么说。"

　　锣鼓声起，演员们都起身，分别从观众中请德高望重的老者入场。老者入场时，要与演员一起对舞，然后蹲坐在场地一角。此时锣鼓又停了，老农领着家人向老者敬酒，就像日常生活中向长者敬酒一样，性格风趣的老者会与演员们开玩笑，生活气息十分浓厚。敬完酒后，老父说明事由，请求老者们指点。

一老者开口说："古人说，七十二行庄农为先，千买卖，万买卖，不如地里翻土块。五谷粮食是宝中宝，庄稼人一心务农才是本分。"又一老者说："万民百姓，以食为天，守本务农，富国养人。你们要安心

务农，代代相传。但愿春种一斗，秋收一担。祈告神灵，风调雨顺，五谷丰登，收获千石万石的粮食，在龙坛庙会上拿头缸美酒头素盘，答谢神恩。"

经老者们规劝，儿子回心转意，点头称是，再次敬酒。老者们退场。锣鼓声又起，两个头戴牛头面具的小演员入场，蹲在场中央，母亲和儿媳各手扶一个小演员，表示牵着牛。儿子学着驾犁耕种，却做出了反架轭倒挂犁的动作，人在前，牛在后，全搞颠倒了却浑然不知，还在得意扬扬地挥手"呜呜"地喊着赶牛，此举惹得观众捧腹大笑。见此情形，蹲在一旁的老农上场，检查牛犊和犁铧，然后在儿子的屁股上踢一脚，观众又大笑起来。在笑声中，老农取下放倒了的犁杖，双手举起犁杖，在场上表演一番，然后重新驾好犁铧。老农把犁，焚化香表，向神祷告："但愿春种一斗，秋收一担。祈告神灵，风调雨顺，五谷丰登，收获千石万石的粮食。"祷告完后，儿子牵牛，老农驾牛耕田，婆媳二人撒籽种，在场内耕一个"田"字形。之后，儿子背起犁铧，一家四口迈着舞步退下场。

《庄稼其》表演

《庄稼其》的表演过程大致就是这样，但也存在一些地区差异，如我们在调查时发现，下川地区的《庄稼其》面具舞表演比较严肃、规范，而上川喇家、官亭镇纳顿会的《庄稼其》不仅比较随意，还增加了一些幽默性的表演动作。如婆婆的表演者在表演时时而用手拍打老农的屁股，时而靠在老农身上，甚至一屁股坐在老农背上，害得老农一个趔趄，摔在地上。这时，观众往往会发出会心的笑声。

关于纳顿节上表演《庄稼其》的缘由，民间主要流传着两种说法。一说很早以前，土族的先民们过着逐水草而居的游牧生活。后来，成吉思汗的军队西征到了三川，留下了一部分军队把守黄河。时间长了，他们就和当地的诺尔羌女人婚配，定居三川。军队中有很多中原汉人士兵，有一位老兵见三川气候暖和，土地肥沃，是种庄稼的好地方，就同妻儿商量开荒种地。但是，妻子愿意放羊放牛，却对种庄稼不感兴趣。儿子呢，也不想种庄稼，闹着要出门做买卖。老汉怎么也说服不了妻子和儿子，只好请来几位有威望的老者和孩子的舅舅，一起劝道："千买卖，万买卖，不如地里翻土块。""种一穗，变百穗；种一升，打一石。"说了许多种庄稼的道理后，妻子和儿子终于想通了，表示要学习种田的技术。老汉于是手把手地给他们教农活，到秋后，他们打下了很多粮食，这比放牧维持生活强多了。邻居们看到这一情景，也跟着他们学，都开始种庄稼了。人们为纪念这位老汉，就把种庄稼的事编成舞蹈，一直跳到现在。

另一说认为《庄稼其》与土族传说中的首领丹阳公主有关。传说很早以前，土族部落里出了个很强的女首领，叫丹阳公主，她管理着三川之地。那时候的三川人还过着游牧生活，因牧场不大，天气干旱，草长不高，牲畜少，人们的生活也很贫穷。南面的枹罕部落常来侵犯，特别是一到冬天，黄河上结了冰桥后，枹罕的人马踩过冰桥，掠走好多牲畜。这一年，枹罕部落又出动了，河对岸军旗蔽日，刀枪林立，杀气腾腾。丹阳公主登上城头一看，不由得坐立不安，一时想不出退敌之策。这时，公主帐下的一个汉族老兵近前来，向公主出主意道："禀大王，若在霍尔盖乌拉（山）上堆起七座小山包，山包上撒下白石灰，枹罕的兵马不战自退。"公主别无良策，只好照这个老兵说的试一试。她命令士卒在山顶上堆起七座小山包后，又连夜撒满了白石灰。第二天，枹罕的兵将们朝这面一望，个个都惊呆了："不得了啊！光是山就有七座，不知三川土人的兵马有多少哩？这仗是打不成了，不如早点儿撤退。"敌人撤退后，丹阳公主想：这并非长久之计，要想保住三川，就得有足够的粮草，筹粮就得种庄稼。于是，她派使者到东面的接唐山一带请来许多汉人教他们种田。这些汉人带来了好多粮食种子，教给他们耕作的技术。三川土地肥沃，气候暖和，庄稼年年丰收。三川的百姓富了，外族再也不敢侵犯他们了。至今，霍尔盖乌拉上的七座土堆仍在，当地人称其为"多浪当不老"（七个小山包）。

傩戏《庄稼其》是土族社会从畜牧向农耕转变的真实写照，土族人民在这部面具戏中鲜明地表达了"以农为本"的农本思想。在这出戏中，顽皮的儿子开始不愿务农，只想做买卖和耍赌博，父亲和老者们用"千买卖，万买卖，不如地里翻土块。务农是庄稼人的根本，庄稼是宝中之宝。庄稼人一心务农才是本分"的言辞劝说他，最终使儿子回心转意，决定学种庄稼。这部戏不仅揭示了土族先民从畜牧生活向农耕生活演变的历史过程，同时也反映出了在长期封闭的农业经济模式下，土族人以农为本、轻商重农的传统观念。

第十五章

·军傩戏·

你会发现在具体表演时

关公总是中心和主角

军傩表演三国故事。《三将》《五将》《关王》等表现关羽、刘备、张飞、曹操与吕布之间所进行的战斗故事，主要颂扬关羽的英武和忠义。关羽是所有三国戏中的绝对主角，土族人尊称他为"老爷"，称刘备"刘爷"，对张飞、曹操、吕布则直呼其名。由于关羽在土族人的心目中地位很高，关公的角色十分抢手，村里人都争着表演。除此之外，演关公的演员一般要选个高体壮的人，以突出关公的威猛形象。演员上场时，关羽的扮演者总是第一个入场。你会发现在具体表演时，关公总是中心和主角。关公、刘备、张飞的表演者上场时，要放鞭炮迎接，锣鼓手敲锣打鼓，在前喊着"大好哟好"，引导演员上场。演员退场时也有锣鼓手在前引导呼喊。

军傩戏

　　《五将》的主要角色有关羽、刘备、张飞、曹操和吕布五人。五人身着武服，左手叉腰，右手将兵器扛在肩上，在锣鼓伴奏下相继出场，做甩袖理须、捏袍整装等动作，其舞蹈始终在踩太极图，左右移步。他们先以固定步法绕场三圈，然后五人横列一排，关羽居中，向神帐前后行进三次。之后，关羽、刘备、张飞、曹操四人排成一队，与吕布来回厮杀，有单战，也有四人围攻。几经回合后，由关羽挥刀将吕布"斩杀"。吕布的扮演者退场，有人上场将吕布的面具放在场中央，象征吕布首级，四人用刀剑指戳面具。最后，关羽将吕布的"首级"挑在刀上，左手叉腰，右手背刀，带头踏着舞步退场。

接下来看到的《三将》表演中，关羽、刘备、张飞双手握拳作揖，相互跪拜，演绎桃园三结义的故事。这时候，吕布上前挑战，一手叉腰，一手摇扇，分别绕关羽、刘备、张飞一圈。绕到三人的前方后，吕布在蹲坐的关、刘、张面前蹦跳，做踢腿动作，进行象征性的挑衅。绕完一圈后，吕布将一束黄色钱粮递给关羽，示意下了战书，然后退场。关、刘、张三人互相传看战书，张飞一把将战书抢过来，撕碎，踩在脚底下，显示出鲁莽、急躁的性格。这时，有老者用舞蹈的方式依次给关羽、刘备和张飞呈送武器，三兄弟整装磨刀，准备迎战。

有趣的是，三人均以酒代水，以蒸饼代替磨刀石，脚踩着鼓点做磨刀动作。磨刀后，还要试一试刀刃。或许是他们手中的刀已经磨快

军傩戏

了，三人脱下长袍，露出里面的武服。吕布手持方天戟上场，与三人交战。

来回厮杀时，吕布时不时举起左手的大拇指，是在夸赞三人呢，还是在挑衅？观众们只有凭自己的观察去判断了。几经激烈的厮杀之后，吕布的"首级"又被关羽砍了下来。关羽用刀挑着象征吕布"首级"的面具，三弟兄挥舞着刀剑，踏着胜利者的舞步退场。

《关王》舞的角色只有关羽，两位旗手分别从两旁给关羽打旗，表演关羽单刀赴会的故事，只截取他出征的情景，没有什么具体内容。

关于三国戏的来源，当地流传着这样的传说：清朝年间，雍正皇帝有一天晚上梦见皇宫大院里突然落下一只大脚，他抬头一看，是个红脸大汉。皇帝问："你是何人？"红脸大汉回答："我是你的关二弟。"雍正又问："你有什么事？"大汉颇有感慨地说："大哥呀，你身居九五之尊，享尽荣华富贵，怎么把桃园三结义的兄弟都忘了呢？"雍正一听，心里明白自己原来是刘备转世，今夜是关公显灵了。红脸大汉又说道："我被玉皇大帝封为关圣帝君，在天宫享福，还享受百姓香火，只是苦了三弟呀。"雍正问道："三弟在哪里？"关公道："三弟在西门外当屠家，名叫张三。"第二天，雍正皇帝差人到西门外去寻找，果然有个屠家叫张三，就招他觐见，还给他封了个官。从此，雍正以刘备转世自居，下旨全国各地修庙供奉关羽。据说，官亭的关帝庙也是那时候修建的，三国故事也从那时开始在"纳顿"时表演。

[第十六章]

· 《杀虎将》 ·

《杀虎将》的古朴原始

不仅表现在与此相关的传说故事里

同时也表现在傩戏表演上

　　《杀虎将》是一出原始古朴的傩戏，所表演的角色杀虎将入场的仪式很特别。杀虎将头戴牛头面具，身着战裙战袍，双手舞剑，在鞭炮声中由众人用一具长长的木梯抬着上场，象征其腾云驾雾而来。相继入场的牛、娘子、猴子、老虎等角色，均戴面具。杀虎将入场后跳下梯架，随着急促的锣鼓声挥舞双剑，时而蹦跳，时而将双剑在胸前向下交叉，弯曲双膝，变换着舞步，转圈、拜神、跳跃、下蹲。二位娘子扮演的是萨满的角色，黑髻白脸，身穿长袍，左手持一面具，右手执扇，引导杀虎将上场。老虎两只，戴面具，上身赤裸，肩上斜搭一条象征虎皮的黄绸。猴子一只，小牛两头，都戴面具，拍手跳跃出场。一对小牛

《杀虎将》

《杀虎将》

的扮演者虽然表演动作不多，却也是一对不可或缺的角色。

　　先是一对虎与一对牛相抵摔跤，老虎取胜，并以吞食动作示意已将牛吃掉。此时，观众也可以上场与老虎摔跤，也真有年轻人借着醉意上场，与老虎摔跤，在地上滚成一团，难解难分，观众们则在一旁为年轻人呐喊助威。人虎相搏，互有胜负，会场气氛十分热烈紧张，观众与表演者的情绪完全交融在一起。此时此刻，两位老者入场，来到杀虎将面前拈香作揖，并呈一禀帖，请他降伏老虎，为民除害。杀虎将踩着急促的鼓点舞剑蹦跳，动作勇猛、灵活，追杀老虎和猴子，而老虎和猴子却尽力躲避。经过几个回合追杀，杀虎将的双剑各架在两只老虎的脖子上，降伏老虎，猴子逃窜，然后在鞭炮声中众角色退场。

　　这出傩戏的表演看起来简单，却始终充满激烈紧张的气氛。普通观众也能参与进来，与虎相抵摔跤，这样的场景，也只有在民间戏剧中才有。尽管年轻力壮的小伙子将老虎摔倒并不意味着他降服了对手，定是取胜者。可是，这样的场景调动了观众的情绪，显示人类不仅不怯懦老虎，还敢于挑战自然界的恶势力，与其殊死搏斗。

那么，这一傩戏到底反映了一种什么样的生活内容呢？从《杀虎将》的传说故事中，能够窥其端倪。说是三川的百姓们由放牧改行种庄稼后，川里的土地全被开成了良田。可是，人口一多，接着又开垦山上的地，那些野兽们没有了安身之处，就向山神告状。山神被惹恼了，放开虎豹狼虫下山糟蹋庄稼，还吃人们的牲畜，闹得人们不得安宁。人们无奈，就请萨满作法，萨满敲起羊皮鼓，唱起请神曲，从五彩云端请来了天神。天神接下了万民百姓的禀帖，并设下了为民除害的计谋。山神吩咐人们故意放出两头小牛，引诱野兽下山，当两只老虎扑向小牛时，杀虎将挥动双剑，杀死猛兽。从此，野兽们再也不敢随便下山作孽了。传说傩舞《杀虎将》中带牛头面具的那位天神，人们就叫他杀虎将，前面引路的那两位女子就是萨满。而在鞑子庄表演的这出剧目中，一对娘子的扮演者身着女人服装，手敲羊皮鼓，其装束和舞蹈动作与"萨满"相似。

另一则故事则讲述：很早以前，土族先民过着游牧生活，人们常举行祭祀活动，祈祷上天保佑人畜平安。上天感念百姓的虔诚，连年赐降润雨，百草繁茂，人畜兴旺。有一年，一群猴子下山觅食，人们害怕猴子伤害牲畜，拿棍棒驱赶猴子。时间长了，人们发现猴子并不伤害牲畜，对它也就不以为然了。一天，两只老虎跟随猴子下山，见一群牛正在山坡上吃草，便兽性大发，扑了上去。猴子见状，急忙跳上虎背想制止老虎伤害牛群，但猴子毕竟身小力薄，制止不住。顷刻间，两只虎张开血盆大口咬死两头牛，吃饱后回山去了。

从此，老虎吃牲畜的事经常发生，人们吓得再也不敢到山上放牧。正当人们焦急无奈之时，有一位仙童来到村里，传言道："你们快去请山王爷吧，只有他才能降伏老虎。"说罢就不见了。人们听从其言，派两个老者去请山王爷。两个老者不知道山王府在哪里，上得山来，满山满坡地找，在他俩又累又渴、倚在一块大石墩下歇息时，一群老虎吼叫着围了过来。二人吓得魂不附体，心想：这下完了，山王爷的面没遇上，自己倒喂了老虎。这时，只听得一声大喝："山王爷不开口，老虎不咬人。你们这些恶虫休伤山民性命！"

老虎们听见喝声，全都溜走了。出现在二人面前的正是山王爷手下的巡差，巡差知道了他俩的来意，就把他们领到山王爷面前，山王爷一听老虎在作孽，顿时气得火冒三丈，一口答应了山民们的请求，并对二位老者吩咐道："我下山的一天，你们放出两头牛撒在山坡上，同时抬来一顶轿子，我自有用处。"等到山王爷下山的那一天，山王爷的两位副将把山王爷抬在轿子里，来到两头牛吃草的地方，只见两只老虎早已扑倒那两头牛，在大口大口地吃。山王爷来不及停轿，一蹦子跳下来，手执双剑，直取猛虎。他的两位副将也跟上来，一同对付作孽的害虫。只见山王爷手起剑落，两只老虎顿时毙命。山民们兴高采烈，齐齐向山王爷焚香叩拜。从此，老虎再也不敢下山危害牛羊了。

《杀虎将》的古朴原始，不仅表现在与此相关的传说故事里，同时也表现在傩戏表演上。人们在一具梯子上，把杀虎将这一头戴牛头面具的人畜保护神抬入场地。把它抬进会场，是因为杀虎将神通广大，本领高强。老虎吃掉牛以后，杀虎将在众人的请求下，挥舞长剑与虎相斗。看得出来，这一出完全通过哑剧形式表演的故事情节及与此相关的神话传说，与土族祖先的早期牧业生活有关；杀虎将所戴的牛头面具，体现出他是神牛的化身，具有动物的神性特征，包含着土族先民对某种具有动物属性的自然神灵的崇拜观念。

戏剧艺术起源于古代的角抵戏。西汉角抵戏中的《东海黄公》取材于一个民间故事，据东晋葛洪的《西京杂记》记载，东海人黄公，年轻时练过法术，能够抵御和制伏老虎。他经常佩戴赤金刀，用红绸束发，作起法来，能兴云雾，本领很大。到了老年，气力衰疲，加上饮酒过度，法术失灵。秦朝末年，东海出现白虎，黄公仍想拿赤金刀去征服它，可是法术不起作用，反被白虎咬死了。关中一带的民众根据这个故事编成节目来表演，汉朝皇帝把它作为角抵戏的一个剧目，流传于宫廷。据考证，我国古代戏剧就是以这出傩剧为基本参考资料，用来解释戏剧历史的起源的。

"戏剧"的繁体字为"戲劇",都是以武士执戈执刀与虎搏斗的象形字作为文字结构的。毫无疑问,《杀虎将》也是"戏剧"二字的形象注解,是艺术起源的"活化石"。这类远古艺术形式在土族民间艺术土壤里至今还能存活下来,无疑是非常宝贵的。

在峡口及中川一些庙会中表演的《五官舞》,五个男子身穿长袍马褂,各戴不同的面具。当地传说五官中领头的是皇帝,其余的是四位大臣。又一种传说《五官舞》中的角色分别代表天官、地官、人官、火官、水官。表演中有朝拜、对拜、走太极等动作。表演动作有独舞、独拜和朝臣拜皇帝等情节。基本舞蹈动作是手挥纸扇,摇摆身体,单脚跳起,双脚跟着地,脚尖翘起,随着鼓点左脚突然起跳行进。这一剧情反映的真实内容,有待于继续考究。

《五官舞》

第十七章

·博纳胸怀·

中原文化对三川土族的影响和渗透
不仅广泛，而且深刻

　　如果说，纳顿节文化中蕴含着土族的悠久历史、文化积淀、宗教信仰、鲜活艺术以及生产生活的底色和亮色，那么，周边多民族文化对他们的渗透和影响，也是纳顿节变得丰富多彩、引人入胜的因素之一。

　　从三川土族的形成过程和他们的文化成分来看，与汉族等民族的融合，对其民族文化的重构产生了重要影响。尤其部分汉族融入土族，对形成这些地区的傩祭习俗，具有至关重要的作用。

　　土族作为吐谷浑的后裔，元、明之际，形成一个新的民族共同体，融入了汉、藏、蒙古等多种民族成分。从有关地方志和宗谱记载及口头传说看来，民和三川土族中较大规模汉族的融入，是在明清两代。明洪武年间，汉人来自南京竹子巷的说法较为普遍，有些家谱追述其祖先来自陕西、山西、南京、扬州等地。另外，赵木川的一部分土族传说他们是蒙古族的根子。三川土族，除了与西面的杏儿乡一带藏族连接外，周围皆为汉族。三川与甘肃临夏隔河相望，明洪武三年设河州卫，临夏属河州卫属地。河州也有部分土族人居住。从地理条件方面考察，地处上川的古镇官亭，是古代丝绸南道中的重要通道，三川东有"接官岭"，西有"临津古渡"，唐蕃古道中的两条通道都要从三川经过。由于这样一种民族关系和生存环境，中原文化对三川土族的影响和渗透，不仅广泛，而且深刻。

元明之际，土族由游牧生产逐步转向农业生产。这一重大历史转折过程，也是新型农耕文化的重构过程。这一转变，主要是以学习和借鉴当时较为先进的农耕生产方式，吸收汉族的生产和生活方式而实现的。毋庸讳言，在他们的近代文化中，占有大量的汉族文化成分，故藏族称他们为"嘉霍尔"，意为汉化了的霍尔人。

表现在具体的文化形态方面，三川的男性基本上都会使用汉语，在土族语中有不少汉语词汇。在他们的风俗习惯中，通行汉族农历，同时沿用汉族节日体系，如春节拜年、二月二炒豆子、清明节上坟等，他们的岁时节日从总体上看也是汉式的，节日期间的基本活动也是受汉族文化影响的结果。还有婚丧嫁娶等习俗，也有受汉族文化影响的一面。

三川地区有藏传佛教寺院，又有汉传庙宇，诸如娘娘庙、老爷庙、三官庙、龙王庙、城隍庙、山神庙、魁星楼、文昌阁等。其中官亭街上的关帝庙和中川朱家村的二郎庙最重要。三川土族除了信奉藏传佛教外，还信道教和其他民间信仰，阴阳的法术和巫也在此地流行，有些民俗活动还保留着萨满教的遗风。土族的婚礼歌曲、酒曲及其他民间小调中，除了用土族语演唱的传统曲子之外，同时有大量的用汉语创作的歌曲，其题材内容涉及历史典故、神话传说、宗教信仰、天文地理等多个领域。西北地区广为传唱的民歌"花儿"在土族地区也很流行，"社火"表演也是这里民众春节期间的主要娱乐活动形式。

由此可见，以本民族的传统文化即吐谷浑文化为主体，融合汉族、藏族、蒙古族等多元因素重构的三川土族文化中，相对来讲，汉文化成分占有较大比重。

三川土族这种多元文化成分和复杂的构成关系，是形成地方傩文化的重要因素。傩祭习俗、傩舞、傩戏等，无不体现这种多重文化的内容和形式。因此，我们就不难看出土族也有与我国中原及南方一些民族相似的傩祭习俗和艺术形式，正是军屯、移民、经商等原因，加强了民族的融合和民族文化之间的相互交流。同时，这也是我们探寻和把握民族文化发展历史的主要线索。

有些学者专家在介绍内地傩文化时，通过分析对比，说明民间傩文化的相似性与民族融合的关系。譬如，江苏乡人傩的活动存在于一种以民间信仰为纽带，联系辖区内居民，以户为单位的社会联合体中，这种联合体也称之为乡社或里社。专司乡人傩的香火会、童子会、五岳会、五猖会等民间组织，由公众推举当地德高望重而又热心公益的若干人士主持会务，称为会首。[1]

民和三川的纳顿节也属于民间的庙会活动，其组织者"牌头"是

---

①王承喜主编：《昆仑文化论集》，青海人民出版社，2002年版，第159页。

个群众性的组织，一年一选，由村里一些能干的有威望的成年人和长者担任。香火会的正月大王会、二月土地会、三月青苗会等活动形式，与三川庙会活动大体相似；冲傩还愿的宗教习俗中，也同样包含了驱邪、逐疫、消灾、祈福等功利目的。从傩祭活动期间表演的傩舞、傩戏来看，三川的"会首"舞队，手执兵器的列队、排阵形式，当地称之为"一字长蛇阵""八卦阵"等。南京江宁县一带的"脸子会"，也是一种大型的军傩舞。"纳顿"一天表演的"打杠子"，与高淳县的民间舞蹈"打水浒"中由四人或者八人持棍对打、练兵习武的动作也大体相似。

另外，三川土族的《三将》《五将》《关王》等取材于三国故事的军傩舞，与明代的军屯和移民有关。明初，朱元璋派遣三十万大军南征，其后洪武二十一年（1388）又一次大规模南征的同时，从江南大量移民至西南，安顺一带原明军"屯田定边"的军人及家眷与移民便构成一个庞大的"屯堡"社会集团。安顺地戏"说唐""三国""封神""东周列国""杨家将"等，意在借以演习武事，不使生疏，寓兵于农。同样，明代向西北的移民，也把江南的这种军傩表演带到了土族地区。三川的傩舞《庄稼其》中，老农教子务农，老农、老妇与他的儿子、儿媳一家富有情趣的表演，充满了地道的农耕生活气息。但是，其原型，也许与汉族的民间舞蹈"跳春牛"有关。"跳春牛"流行于广东、广西、湖南、云南等地，各地表演形式多种多样，有的地区演出时，一人戴牛头面具，做拉犁状，另一人执鞭在后赶牛，扮妇女或儿童的角色在后面撒种，另有两人披牛形道具，模仿牛的动作。《杀虎将》中牛与虎的角抵、争斗，杀虎将最终降伏老虎的情节，使人联想到汉代起就流传于中原一带的角抵戏。此外，三川一些地区传说他们跳的"会手"舞，是蒙古军队西征到了三川，为庆祝征战胜利而举行的。这些口传数据，对考察民族文化的交流和影响，有一定的参考价值。

民族的毗连，也是引起文化交流和影响的主要因素之一。从土族与周边民族关系来看，民和与甘肃相连，民和三川与甘肃临夏隔河相望，再加上三川地处丝绸南路的要道，与中原的联系更为接近。临夏一带部分汉族和土族地区至今仍流行类似乡傩的"六月踩会"，六月会的活动，分固定、轮流两种。前者以村、后者以牌社组织活动。所用的面具有老汉、婆婆、娘子及三国人物等，并有高跷表演。活动时间，因避开麦收，改在七月，有的改在正月农闲时。这些情形，与三川的纳顿大体相似。三川土族将他们供奉的二郎神称为"河州帝帝"也说明了宗教信仰的渗透。

甘肃省永靖县境内的傩文化遗存与三川的纳顿更为接近。他们也跳会手舞，戴面具表演的角色有刘备、关羽、张飞、周仓、曹操、蔡阳、吕布、貂蝉、三眼二郎、李存孝、笑和尚、阴阳、猴、老虎、牛、马、红绿二鬼等，并有歌舞、戏剧、杂耍等艺术形式。其中《五将》《李存孝打虎》《出五关》等傩戏的表演还保留着早期戏剧的雏形。通过这样的比较，我们可以较清楚地看到：三川与永靖在地理位置上很接近，两地表演的《会首舞》《五将》《庄稼其》等傩舞和傩戏极为相似。

以上实例表明，土族纳顿所举行的祭神活动、表演的傩戏傩舞等，受中原文化及邻近汉族文化影响显而易见，同时也表明土族文化的多元性和复杂性。其形成的因素也是多方面的，如历史传承、民族融合、经济文化交流等。纳顿，正是三川土族以博纳的胸怀，在借鉴兄弟民族文化的基础上，以本民族的生活实际吸收消化、创造发展的产物。这一复合型的文化现象，是在多元文化的彼此影响和相互交流过程中形成的文化瑰宝，具有广泛而深远的历史包容性。

只要放开我们的视野，拓展我们的想象力，将纳顿节这一特有的民俗文化从更为久远的历史长河中去追溯，并且将它放置于更为宽广的领域里考察，就会得出这样的结论：纳顿节在长期的发展中积淀了许多有关土族民间信仰、祭祀习俗、民间艺术、民族历史等方面的文化信息，它以原生形态的传承或衍生形态的传承，折射着土族文化发展变迁的流程，传递着土族文化是多元文化的历史信息，具有历史的活化石意义。在土族纳顿节中，农耕文化和军事文化，汉族文化和本民族原生文化等多元文化因素和谐地融合在一起，共同构成了一幅绚丽多彩的民族文化艺术画卷。

[第十八章]

·非遗价值·

具有丰富的文化艺术内涵

纳顿节是综合性的民间文化活动

从整体上来说

值得庆幸的是，土族纳顿节于 2006 年 8 月被列入了首批国家级非物质文化遗产名录。作为国家级非物质文化遗产项目，纳顿节有什么样的独特功能与价值呢？

通过以上介绍，我们大体了解到，纳顿节作为三川土族独有的传统节日，根植于三川土族传统文化和历史文化之中，汇聚了三川土族民间信仰、民间歌舞、民间戏剧、民间组织、祭祀习俗、民族服饰、村际交往礼仪、伦理道德、经济生产等方面的文化因素，具有鲜明的民族特色和文化特色。从整体上来说，纳顿节是综合性的民间文化活动，具有丰富的文化艺术内涵。它集仪式、庆典、歌舞、民间傩戏表演为一体，其服饰、舞蹈、音乐、仪礼等各方面特色鲜明，具有艺术学、宗教学、人类学、民俗学、文化学方面的重要研究价值。

我们还看到，纳顿节是一种对本民族文化原始而又古老的传承和延续。三川地区因较为特殊的地理环境，受外界文化冲击较少，纳顿节自产生以来，就以原生态的文化形态在三川地区长期传承和流传，纳顿节的内容完整，形式古朴。如会手舞、面具戏、祭祀仪式、法拉发神等诸多文化的原生态，是研究原始艺术和文化的珍贵素材，具有文化活化石的价值。

纳顿节除了祭神、娱神、庆祝丰收的原初意义外，还具有维系和传播文化、凝聚人心、化解矛盾、丰富民众生活等多方面的现实作用。纳顿节是土族民间现存规模最大、最隆重的民俗文化活动，承载着十分丰厚的文化内涵，是土族人民享用和传承文化的一个重要载体。作为一个具有漫长历史传统的民族节日，纳顿自产生以来，就与土族人的生活密切相关，它既向人们传递着各个时代遗留在这个文化载体中的各种文化信息，反映着土族文化发展变迁的历史，又在土族社会中发挥着极其重要的作用。纳顿节各项仪式的展演，一方面是土族各种文化元素在现实生活中的象征性展演，体现着土族文化发展变迁的流程，另一方面是土族传统文化在现实生活中的实际运用，发挥着维系土族社会传统秩序，调适土族民众生活的重要功能。

纳顿节的习俗体现了村与村、人与人之间的礼仪规范。纳顿节的仪式过程是对土族乡土社会的村落社会秩序、宇宙自然秩序的建构与认定，其仪式活动象征性地展现了村落之间交往的礼仪规范，隐喻化地表达了村际交往的理想模式。土族的纳顿节虽是以村落为单位举行的节日活动，但在实际的举行过程中，存在村落之间的村际联系和交往。如共享一条水源的相邻村庄互为主客队，客队在主队纳顿中列队到场祝贺，并共同参与一些仪式的展演，合会手、唱喜讯、傩戏表演等仪式展演均由两队合作完成。从这个意义上来说，纳顿的仪式展演实际是由主客队两个村庄的表演者合作完成的。主客队所属的两个村庄在纳顿节的合作中加强了村际沟通与联系，加深了彼此的交往和感情。基于这一点，纳顿节往往成为两村牌头和村民协商解决彼此之间相关问题的绝佳场合。

在纳顿节的仪式展演中，村落之间合理、有序的社会关系是通过繁琐的礼仪规范得以彰显的。在举行合会手仪式时，客队会手并不直接来到纳顿会场，他们停留在象征两村交界点的桥头或村头，等待主队会手迎接。而主队会手要敲锣打鼓前往迎接，跪迎对方庙神神轿，在神轿前放鞭炮、焚化香表、酒奠，举行隆重的祭祀仪式。主客队合会手后，并不混杂在一起，而是井然有序，依据客队在左、主队在右的方位各围成一个圆圈，各跳各的，这是土族村落间既合作又泾渭分明的社会秩序的象征性展演。此外，在唱喜讯时，为了表示对彼此的尊重，主客队互相唱赞美对方庙神的喜讯，主队更是将最为隆重的二郎神喜讯谦让给客队唱。跳面具戏也是如此，群众认为《五将》最威风，因而往往礼让给客队表演。这些礼让习惯是土族乡村礼仪规范在纳顿节仪式中的象征性展演，体现了土族村落之间良好的村际关系。

纳顿节还具有教化功能。文化具有教化功能，仪式作为一种文化现象，也具有教化功能。在纳顿节中，人们通过参与各种仪式，在潜移默化中学习和掌握本民族的文化和传统习俗，如怎样祭祀神灵，如何许愿、还愿，在节日中穿什么衣服，拿什么器具，怎样跳会手舞、面具戏，喜讯是什么，法拉为什么发神，三川土族人耳濡目染，从小就是在看纳顿、学跳纳顿的氛围中长大的，等男孩子长到可以参加纳顿活动的时候，他们就在爷爷、父亲或叔伯兄弟的带领下亲自参与纳顿节的各项仪式，学习土族的传统文化和习俗。因此，土族纳顿节就是这样通过一代又一代的人们对他们前辈文化行为的不断学习、传承而沿袭至今的。

纳顿节的仪式展演是向外界展示土族传统文化的重要平台，土族历史文化和生活中的诸多文化因素正是借助于仪式这个媒介向四周辐射，并起着文化传播的作用。纳顿节不仅是土族的民族节日，它还是区域性的重要节日。纳顿节期间，当地汉、藏、回等民族的成员也会参与到纳顿活动中来，他们或作为祭祀者在神像前磕头烧香，或作为观众兴致盎然地观看精彩的仪式表演，或作为商贩在纳顿会场四周摆摊做生意等。此时，纳顿节就是他们了解和认识土族文化的一个重要窗口。近几年，随着国家和政府对民族文化工作的重视，纳顿节被作为土族的一个文化品牌广泛地向外界宣传和推出，人们通过影视、图书等渠道可以了解这个珍贵而古老的文化事象，而对纳顿节感兴趣的其他民族学者也加入到了对纳顿的调查和研究工作中，这必将进一步拓宽土族文化传播的广度和深度。

第十九章

·文化传承·

相对于这些濒临消失的文化事象来说

土族纳顿节要幸运得多

我们所处的时代是一个急剧变革的时代，受科技文明和市场经济的影响，许多古老而珍贵的民俗文化因失去了赖以生存的信仰空间和物质生产基础而日益萎缩，甚至在历史的长河中湮没无迹，无处追寻。

相对于这些濒临消失的文化事象来说，土族纳顿节要幸运得多，因为三川地区仍然保留着适合纳顿生存的民俗文化活动空间。"文革"中纳顿节曾一度中断，改革开放之后，纳顿节在土族群众的热心组织下又得以恢复和传承。近年来，由于国家对民族传统文化的日益重视，土族民众的文化自觉意识正在逐步增强，纳顿节的发展出现了兴盛的趋势。但是，作为一种古老的文化传承，纳顿节发展到今日，不可避免地受到社会急剧变革的影响，产生了一些变化，如仪式的信仰色彩趋于淡化、性别意识淡化、法拉的传承链条濒临中断等。

纳顿节是群体性的祭祀活动，其生成和发展的历史离不开民间信仰，它的一系列仪式都是围绕信仰习俗而展开的。今天，随着科学知识的普及，人们的鬼神意识淡化，纳顿节仪式的宗教色彩也随之逐渐淡化，尤其对年轻一代来说，纳顿节的很多仪式与其说是信仰仪式，不如说是作为民族文化传承的一个链条而存在的。他们参与会手舞和面具戏表演，更多地是为了展现自己的舞蹈才能，是为了娱人和自娱。

从性别角度来说，纳顿节的仪式展演过程基本上是将女性排除在外的，女性的角色被定位在家庭内部。具体地说，过去，女性是绝对不允许参加纳顿会场中的各项事务的。近几年，由于越来越多的男性青壮年外出打工，轮流到小牌头的一些家庭中没有男性成员可以承担这份职责。这时，出于无奈，一些村的大牌头打破了不允许女性参加纳顿会场事务的传统，将那些外出打工者的妻子指派到纳顿会场上做一些杂务，以顶替丈夫的职责。但是，这些女性不能碰触神像，也不能参加迎神、会手舞、面具戏表演和送神等正式仪式。如2006年的鄂家纳顿，因两位小牌头外出打工，他们的妻子就来到纳顿会场上帮着烧茶，顶丈夫的差使。其中一位妇女在老爷下庙时出于好心，要帮着接铜锣，当即遭到大牌头制止。

法拉发神是纳顿节仪式展演中的一个重要环节，但在近几年，由于老法拉相继去世，法拉的传承后继乏人，在纳顿会上出现了庙倌代替法拉发神的新趋势。2006年夏天，我们在调查土族纳顿节时，除了鲍家纳顿会中法拉发过神外，宋家、鄂家、桑布拉、官亭、喇家、朱家等纳顿会均以庙倌代替法拉发神。在与群众访谈时，群众都说除了鲍家法拉外，只有赵木川某村庄的纳顿会中法拉发过神。如果不采取相应保护措施，法拉发神这个重要环节不久就会从纳顿中彻底消失。

正如一位学者所阐述的那样："传统不是一个凝固的概念，在连接和传衍中它会发生变异，会不断地被赋予新的内容。事实上，只有后来者不断地为既存的传统增添新的内容和新的典范，传统才会更充实，更有价值，才有可能不着痕迹地融入现在，成为活着的传统。"① 作为土族重要的文化传统，土族纳顿节自身就是继承和变迁的统一体，始终处于不断的变化之中。近几年，受社会大环境的影响，土族纳顿节文化变迁的速度加快，其文化风貌与前十几年相比，有了很大改变。我们甚至可以说，纳顿节这几年的变化也许比以前十几年甚至几十年的变化还要多。面对土族纳顿节文化变迁的现实，我们既不能过分排斥，又不能置之不理，而应该采取一些适当措施，对其尽可能地进行保护和抢救。

那么，应当采取什么样的保护措施呢？首先，对纳顿节的原生性进行保护，必须培养民俗传承人。会手舞、面具戏表演、法拉发神是土族纳顿节中原始、古老的文化存在，也是其重要的传承链条。如今，随着老一辈纳顿爱好者和老法拉的渐渐离去，纳顿节这一原始宗教、原始舞蹈和戏剧的"活化石"也将日益濒危。而随着市场经济的冲击，大多数年轻人外出务工，不愿意学习这些古老的表演艺术，尤其是法

---

① 刘梦溪：《文化传统的流失与重建》，《人民政协报》，2004 年 7 月 12 日。

拉的传承，现状令人担忧。因此，如何发现和保护民间老艺人，如何培养纳顿表演艺术传承人，如何建立纳顿节文化生态博物馆等都是当务之急，应提到有关部门的议事日程上来。

其次，有效的保护，必须以科学调查和研究为前提。纳顿节是土族社会中传承的文化现象，必须对其进行科学的田野调查。在调查中，我们不仅要尽可能详细地做民俗志式的文字记录，还要运用影视的方法对其进行影像数据的保存。如将其活动从头至尾拍摄下来，制作成光盘，将纳顿节这一文化事象可视地、动态地、立体地保存下来，留下重要的研究史料，不至于让其自然流失。在调查的同时，还要加强纳顿的研究工作，提倡更多的学者加入到纳顿研究工作的行列中来，进行民俗学、文化人类学、历史学、宗教学等多学科的合作，以深入挖掘纳顿的文化内涵，还原和保留其原生的文化面貌。

另外，对纳顿节的持续性保护，必须以开发为前提。纳顿节的表演空间和时间有严格规定，加上其仪式繁缛，并不适宜整体搬过来作为民俗旅游点的文化表演而出现，但一些趣味性较强的节目可以作为纳顿节文化的代表节目而进行小范围的表演，如会手舞、《庄稼其》、《三将》、《五将》、《杀虎将》等。其中，在表演会手舞、《庄稼其》和《杀虎将》剧目时，观众可以直接参与，与表演者互动，从而亲自体验土族传统文化的魅力。此外，还可以在一些重要的旅游点，如土族民俗风情园等景区设立纳顿文化生态展演区，现场表演，供人参观，既能

纳顿艺术节舞蹈表演

三川土族纳顿艺术节开幕式现场

纳顿艺术节舞蹈表演

扩大纳顿的社会影响，又能带来经济效益。如果将收益用于纳顿节的保护与抢救工作中去，也是保护和继承民族传统文化可以尝试的一种选择。

以前，由于地方文化旅游产业发展起步较晚，开发功能受到局限，对三川文化旅游的内涵发掘、培育、宣传缺乏，致使地方旅游业、文化资源未能转变为实际的旅游产业，也未能给当地带来应有的经济和社会效益。如今，民和至官亭的高速公路已经开通，三川文化资源的保护和传承、开发和利用，已被列为国家及省、市、县各级政府的重点开发项目，并按照规划要求正在加以实施。

值得一提的是，为保护和传承土族传统文化，打造纳顿艺术品牌，由青海土族研究会主办，互助、民和、大通三县承办，每年夏季轮流举办的安召纳顿艺术节，已届 16 期。安召纳顿艺术节的定期举办，对进一步传承和弘扬土族传统文化，提升挖掘土族文化内涵，增进扩大对外宣传交流、推介，真正将"纳顿"活动常态化，让其成为了解土族历史和文化的重要载体，打造纳顿旅游品牌起到了有力的推动作用。

· 后 记 ·

纳顿是土族历史文化的积淀

是土族物质和精神文化财富的

聚合体和形象展示

民和县三川土族的纳顿节，历史久远，内涵丰富，特色鲜明，不仅是土族历时最长的狂欢节，也是河湟地区人文景观中的一道亮丽色彩。时至今日，纳顿的影响在不断地扩大，外界对它的关注越来越密切。尤其是学术界和学者专家们通过实地考察，从各个角度以不同形式对纳顿挖掘、介绍和研究，使纳顿的举行过程、组织形式、宗教仪式、艺术表演等，以文字、图片、影像等各种媒介不时地展现在人们的面前。然而，仅仅从某种外在形式上，或者就某个侧面去观察它，我们还不能从整体上把握土族的这一民俗文化事象，更无法窥探其深厚而丰富的文化蕴涵。有些前来观赏纳顿的外地学者，因语言的障碍抑或时间的限制，未能较清晰地了解纳顿。有关的介绍文章、研究成果相继问世，但是，系统性、全面性和深刻性的研讨专著并不多。

美国人类学家博厄斯说过，人类学的基本任务是研究社会生活现象的全部总和，这种研究构成包括一切民族在内的人类历史。他还认为，每个文化集团都有自己独特的历史，因此，必须在每个民族的特点中来研究每个民族。纳顿是土族历史文化的积淀，是土族物质和精神文化财富的聚合体和形象展示，从文化人类学的角度，对纳顿继续深入地做必要的田野考察，特别是提供一些与土族生产、生活、信仰、习俗等密切相关的鲜活资料，或许对了解这一民族的文化历史有更多的帮助。基于此，在参考和吸收有关专家学者以往研究成果的基础上，本人根据自己近几年来田野作业所取得的新数据，写出了这本书，意在向人们传递一个有关纳顿的总体印象，从而吸引学术界将纳顿的研讨引向更深更广的领域。

本书采用了胡芳女士、吕晓明先生、朱永忠先生、马晓晨先生提供的图片，在此向他们表示诚挚的谢意！